EMBRANCHEMENT DU CAMP DE CHALONS

# MÉMOIRE

RELATIF

AUX TRAVAUX EXÉCUTÉS POUR L'ÉTABLISSEMENT

DE

# L'EMBRANCHEMENT DU CAMP DE CHALONS

CHEMIN DE FER DE VINGT-CINQ KILOMÈTRES

CONSTRUIT EN SOIXANTE-CINQ JOURS

PAR

## M. ÉMILE VUIGNER

INGÉNIEUR EN CHEF DE LA COMPAGNIE DES CHEMINS DE FER DE L'EST
OFFICIER DE LA LÉGION D'HONNEUR ET DE DIVERS ORDRES ÉTRANGERS.

TEXTE

PARIS

DUNOD, ÉDITEUR,

SUCCESSEUR DE VICTOR DALMONT
Précédemment Carilian-Goury et Victor Dalmont
LIBRAIRE DES CORPS IMPÉRIAUX DES PONTS ET CHAUSSÉES ET DES MINES
Quai des Augustins, 49

1863

# EMBRANCHEMENT DU CAMP DE CHALONS

Paris. — Typographie HENNUYER ET FILS, rue du Boulevard, 7.

EMBRANCHEMENT DU CAMP DE CHALONS

# MÉMOIRE

RELATIF

AUX TRAVAUX EXÉCUTÉS POUR L'ÉTABLISSEMENT

DE

# L'EMBRANCHEMENT DU CAMP DE CHALONS

CHEMIN DE FER DE VINGT-CINQ KILOMÈTRES

CONSTRUIT EN SOIXANTE-CINQ JOURS

PAR

## M. ÉMILE VUIGNER

INGÉNIEUR EN CHEF DE LA COMPAGNIE DES CHEMINS DE FER DE L'EST
OFFICIER DE LA LÉGION D'HONNEUR ET DE DIVERS ORDRES ÉTRANGERS.

TEXTE

PARIS

DUNOD, ÉDITEUR,

SUCCESSEUR DE VICTOR DALMONT
Précédemment Carilian - Gœury et Victor Dalmont
LIBRAIRE DES CORPS IMPÉRIAUX DES PONTS ET CHAUSSÉES ET DES MINES
Quai des Augustins, 49

1863

# MÉMOIRE

RELATIF

## AUX TRAVAUX EXÉCUTÉS POUR L'ÉTABLISSEMENT

DE

# L'EMBRANCHEMENT DU CAMP DE CHALONS

## EXPOSÉ.

Le gouvernement a fait établir au commencement de 1857, dans la partie des plaines de la Champagne comprise entre Reims et Châlons-sur-Marne, un camp qui vient s'appuyer sur les vallées de la Vesle et de la Rosette formant ses limites au sud et au sud-est.

Ce camp n'était pas une de ces créations temporaires destinées aux travaux d'instruction d'une seule saison; le gouvernement voulait fonder sur ce point un grand établissement militaire permanent.

Cet établissement devait occuper une étendue de 12,000 à 14,000 hectares, dont le domaine faisait l'acquisition. Le génie y faisait exécuter de grandes constructions, des mouvements de terrains considérables, des distributions d'eau, des travaux d'assainissement, et déjà les populations des villages voisins faisaient élever des bâtiments aux abords; — c'était une ville militaire qui se formait pour un long avenir, dans le but d'assurer la défense des défilés de l'Argonne, si vivement disputés dans les guerres de la République et qu'éterniseront les batailles de Valmy et de Jemmapes.

1

Ce n'était que par une voie ferrée qu'on pouvait effectuer avec l'économie nécessaire les transports incessants qu'exigeait un établissement de cette importance, et que les mouvements de troupes pouvaient y être opérés d'une manière convenable.

Sur l'intention manifestée par le gouvernement d'établir un chemin de fer pour relier le camp à la ligne principale du chemin de fer de Paris à Strasbourg, dans les environs de Châlons, M. le préfet de la Marne avait fait étudier divers projets par MM. les ingénieurs du service départemental.

D'autres projets avaient été étudiés par des industriels de la localité; mais les difficultés de la traversée de la Marne à Châlons, augmentées de celles inhérentes au passage du faîte dominant cette ville au nord à une hauteur de 70 à 80 mètres au-dessus du sol de la vallée, avaient déterminé les auteurs de ces projets à se borner à l'étude de tracés partant de la rive droite de la Marne, rive opposée en conséquence à celle où était établi le chemin de fer de Paris à Strasbourg.

Dans ce système la solution eût été tout à fait incomplète, puisqu'il eût fallu transborder à plusieurs reprises et les troupes et les approvisionnements, pour les faire passer, à travers de la ville de Châlons, d'une rive à l'autre de la Marne.

J'avais été chargé par la Compagnie concessionnaire des chemins de fer de l'Est, dans le courant du mois de juin 1857, de rechercher une solution plus rationnelle.

L'examen de la carte du dépôt de la guerre et une course sur les lieux m'avaient fait reconnaître que l'exécution d'un embranchement se détachant de la ligne même du chemin de fer de Paris à Strasbourg entre Châlons et Fagnières, et arrivant directement au camp, ne présenterait pas trop de difficultés.

On pouvait, en effet, faire partir le tracé de l'embranchement d'un point pris sur la ligne de Strasbourg, à 300 ou 400 mètres de l'extrémité ouest de la gare de Châlons ; le développer dans la plaine basse de Fagnières, pour traverser normalement la Marne et le canal latéral entre Récy et Saint-Martin-sur-Pré, en se tenant à une hauteur suffisante pour que les mouvements de la navigation ne soient pas entravés sur ces deux cours d'eau ; le détourner brusquement pour s'élever sur le plateau et venir couper la vallée de la Vesle entre Dampierre et Saint-Etienne-au-Temple, ainsi que la vallée de la Noblette, à l'est de Cuperly ; et arriver dans le camp à son extrémité sud-est, au point de jonction de la chaussée romaine de Reims à Bar-le-Duc et de la route de Châlons à Sainte-Menehould, routes qui longeaient et traversaient même l'établissement militaire dans ses deux directions principales.

Des études plus approfondies furent faites dans cette direction, et dès le 16 juin 1857, je présentais au Comité de direction de la Compagnie des chemins de fer de l'Est l'avant-projet de l'embranchement, avec un rapport à l'appui.

Le développement du tracé ainsi déterminé ne devait être que de seize kilomètres, et il n'y avait qu'un allongement d'un kilomètre sur la route de terre.

L'embranchement dans ces conditions paraissait devoir résoudre convenablement toutes les questions du problème, avec d'autant plus de motifs que le camp d'Attila avait été désigné d'abord comme l'emplacement le plus convenable pour l'établissement du quartier général et de la tente impériale.

Dans le rapport à l'appui de l'avant-projet (*Annexe n° I*) j'avais fait observer que l'opportunité de l'embranchement du camp de Châlons dépendait évidemment de la promptitude avec laquelle il serait exécuté, parce qu'on ferait une dépense en pure perte si l'on ne devait y faire passer les machines qu'après les grandes manœuvres du mois de septembre ; que la question d'exécution était subordonnée elle-même à la prise de possession des terrains à occuper pour l'établissement des voies de fer et de leurs dépendances ; mais que, dans l'hypothèse de l'occupation immédiate des terrains, les travaux pourraient être exécutés avec assez d'activité pour que l'embranchement pût être livré à l'exploitation dans les premiers jours du mois de septembre.

La Compagnie des chemins de fer de l'Est se montra toute disposée à demander la concession de l'embranchement du camp de Châlons, conformément aux dispositions de l'avant-projet présenté, et il fut décidé que la proposition en serait faite à l'administration supérieure, dans la personne de Son Excellence M. le ministre de l'agriculture, du commerce et des travaux publics, qui désirait aussi que l'exécution de cet embranchement eût lieu dans le plus bref délai possible.

Une circonstance toute exceptionnelle permit, du reste, à MM. les membres du Comité de direction d'entretenir directement de cette affaire le chef de l'Etat.

Sa Majesté l'Empereur, en se rendant à Plombières, vint à Châlons, le 24 juin, pour visiter les travaux du camp et arrêter les dispositions nécessaires pour son installation définitive.

M. le comte de Ségur, président du Conseil d'administration des chemins de fer de l'Est, M. le baron d'Hervey, M. Jayr, M. Perdonnet et M. Roux administrateurs, membres du Comité de direction, accompagnèrent l'Empereur dans ce voyage, et, à son arrivée à Châlons, je fus appelé à donner à Sa Majesté des explications sur le tracé de l'embranchement projeté dans les conditions ci-dessus indiquées, ou, pour mieux dire, avec la gare d'arrivée près du camp d'Attila.

Sa Majesté ne fit aucune observation sur les dispositions d'ensemble et de détails de cet avant-projet, mais elle se réserva, toutefois, d'exprimer une opinion définitive après avoir visité les travaux du camp dans la journée.

Sur une demande toute spéciale relative au laps de temps nécessaire pour l'exécution des travaux, M. Perdonnet répondit que l'embranchement pouvait être mis en exploitation, dans l'hypothèse de l'avant-projet présenté, dans le délai de deux mois à partir du jour où la

Compagnie serait en mesure de faire mettre les ouvriers à l'œuvre.

A onze heures du soir, M. Perdonnet vint me prévenir que l'Empereur avait indiqué à M. le comte de Ségur que l'examen des lieux lui avait fait modifier les dispositions premières projetées pour l'établissement du camp.

Le quartier général ne devait plus être établi à la proximité du camp d'Attila; il devait être reporté du côté opposé, vers l'extrémité sud-ouest du camp, et le génie militaire avait reçu les ordres nécessaires pour concentrer tous les magasins d'approvisionnement sur les rives du ruisseau du Cheneux, entre le petit et le grand Mourmelon; c'était donc sur ce point que l'embranchement du chemin de fer devait être dirigé définitivement.

M. Perdonnet ajouta que Sa Majesté désirait être informée avant son départ pour Lunéville, le lendemain matin, si l'exécution de l'embranchement, dans cette direction nouvelle, était possible, avec des conditions convenables de tracés en plan et en profil.

J'avais emporté avec moi des extraits de plans, que l'administration du dépôt de la guerre avait bien voulu me laisser copier sur ses minutes, et je pus ainsi étudier un nouveau tracé qui, partant du même point que le premier, vînt aboutir au camp, vers Livry-sur-Vesle.

Je passai une partie de la nuit à faire cette étude, et le lendemain je fus en mesure de donner à l'Empereur des indications sur ce nouveau tracé, qui devait se détacher de la ligne principale du chemin de fer de Paris à Strasbourg, à 1,200 mètres environ du pont de la route impériale à Châlons; traverser la vallée de la Marne; franchir cette rivière et le canal latéral entre Récy et Saint-Martin; se développer dans les plaines de Récy et de Juvigny, pour gravir le faîte séparatif de la vallée de la Marne et de l'Aisne; couper, près le village de la Veuve, la route départementale de Châlons à Reims; entrer dans la vallée de la Vesle à la proximité de Saint-Hilaire; franchir cette vallée à Bouy; la longer ensuite jusqu'au droit de Livry, et venir toucher les limites du camp sur la rive gauche du ruisseau du Cheneux. En plan, le rayon des courbes de ce tracé ne devait pas descendre au-dessous de 500 mètres, et, en profil, la déclivité des pentes et rampes ne devait guère dépasser 10 millimètres.

Après quelques explications de détails, Sa Majesté voulut bien donner son approbation à ce tracé, en demandant, toutefois, que la station d'arrivée fût reportée sur la rive droite du ruisseau du Cheneux, sur un point qu'elle détermina elle-même au crayon sur la carte générale que je lui avais présentée.

Il ne s'agissait plus, dans ces conditions nouvelles, d'un embranchement d'une longueur de seize kilomètres, comme dans le premier projet. Le développement était porté à plus de 25 kilomètres; il y avait toujours à traverser trois vallées et à franchir quatre cours d'eau, dans des conditions assez difficiles.

Vint alors la question du délai d'exécution. — M. Perdonnet indiqua qu'il pensait encore que les travaux pouvaient être exécutés en deux mois; M. le comte de Ségur et M. Jayr objectèrent qu'il était difficile d'admettre un engagement aussi formel que celui que voulait prendre M. Perdonnet, en faisant observer que l'importance des travaux était beaucoup plus considérable que dans le premier projet. Plus particulièrement interrogé à ce sujet, je répondis qu'après mûre réflexion je croyais aussi que deux mois pouvaient suffire, à partir du jour où la Compagnie serait en mesure d'exécuter, pour mettre les travaux dans un état d'avancement tel que l'embranchement pût être livré à l'exploitation; j'ajoutai que, pour arriver à ce résultat, il fallait que la Compagnie ne fût pas entravée par les formalités administratives, et qu'elle eût toutes facilités pour l'occupation immédiate des terrains nécessaires à l'emplacement du chemin de fer et de ses dépendances.

L'Empereur se borna à dire, en souriant, à M. Chassaigne, préfet de la Marne, qui était présent à la conférence : « Vous entendez, monsieur le préfet. »

Sa Majesté indiqua ensuite à MM. les administrateurs, membres du Comité de direction, que des ordres allaient être expédiés pour que la concession de l'embranchement du camp de Châlons, dans les conditions de l'avant-projet nouveau, fût donnée immédiatement à la Compagnie des chemins de fer de l'Est.

Cette conférence avait eu lieu le samedi 25 juin au matin, et dès le lundi 27 dudit mois, M. le préfet de la Marne prenait un arrêté pour m'autoriser, ainsi que tous les agents sous mes ordres, à entrer dans les propriétés publiques ou privées, closes ou non closes, à l'effet de procéder aux lever de plans, sondages, nivellements et autres opérations nécessaires pour l'établissement d'un chemin de fer de raccordement entre la ligne de Paris à Strasbourg et le camp de Châlons-sur-Marne. (*Annexe n° II.*)

Le 3 juillet 1857, la Compagnie des chemins de fer de l'Est passait une convention avec Son Excellence M. Rouher, ministre de l'agriculture, du commerce et des travaux publics, pour la concession de cet embranchement. (*Annexe n° III.*)

Un décret du 3 du même mois de juillet, qui fut signifié le 5, vint sanctionner et rendre définitive la convention passée avec Son Excellence M. le ministre de l'agriculture, du commerce et des travaux publics. (*Annexe n° IV.*)

Une autre convention passée entre Son Excellence M. le maréchal Vaillant, ministre de la guerre, le 22 dudit mois, détermina la subvention allouée par l'administration de la guerre pour les travaux de premier établissement, et les conditions de transport des militaires et des approvisionnements sur l'embranchement concédé. (*Annexe n° V.*)

Je n'avais pas perdu de temps de mon côté, conformément aux ordres précis du Comité de direction, pour arrêter les dispositions devant précéder la mise à exécution des travaux; dès le 6 juillet, le lendemain de la notification du décret de concession, je donnais les instructions relatives aux mesures d'ensemble et de détails à prendre pour l'établissement de l'embranchement, instructions que je complétais le 14 du même mois, après avoir suivi le tracé et déterminé sur sur les lieux mêmes l'emplacement de la station d'arrivée dite de Mourmelon, ainsi que les limites des terrains à acquérir pour les dépendances de cette station. (*Annexes n*ᵒˢ *VI et VII*.)

J'avais fait dresser, d'un autre côté, les projets des estacades à construire dans les vallées de la Marne, de la Vesle et du ruisseau du Cheneux, ainsi que ceux des ponts de la Marne et du canal latéral, après m'être mis d'accord à l'avance avec M. Louiche Desfontaines, ingénieur en chef de la navigation ; j'avais remis copie de ces projets à MM. Parent Schaken et Cᵉ, qui étaient chargés de leur exécution ; j'avais fait arriver à Châlons des outils et des matériaux de pose de voie ; au moyen de toutes ces dispositions, le premier coup de pioche avait pu être donné le lundi 12 juillet : c'était de ce jour que devait courir rigoureusement le délai de deux mois fixé pour l'exécution des travaux.

J'avais pris aussi les dispositions convenables pour que l'occupation des terrains nécessaires à l'emplacement du chemin de fer et de ses dépendances n'éprouvât aucune espèce de retard ; j'avais envoyé sur les lieux des géomètres habiles qui, sous la direction de M. Perrin, chargé d'une mission semblable dans la partie de la ligne de Mulhouse comprise entre cette ville et Vesoul, devaient relever les plans terriers au fur et à mesure de la fixation du tracé définitif ; M. Perrin, lui-même, assisté d'un notable de la localité, M. Lamairesse, devait évaluer et régler les indemnités mobilières.

Le Comité de direction m'avait donné tous les pouvoirs nécessaires pour régler, comme je le jugerais convenable, toutes les indemnités foncières et mobilières ; les crédits nécessaires avaient été ouverts à cet effet, et un agent du service du contentieux avait été détaché à Châlons pour suivre spécialement toutes les formalités d'expropriation.

Des soumissions avaient été demandées, d'une part à M. Mort, l'un des entrepreneurs de charpente de Paris les mieux achalandés, et, d'autre part, à MM. Parent Schaken et Cᵉ, pour la construction des estacades en charpenterie à exécuter pour la traversée de la vallée de la Marne et des vallées de la Vesle et du ruisseau du Cheneux; outre que les prix proposés par M. Mort étaient supérieurs à ceux offerts par MM. Parent Schaken et Cᵉ, ces entrepreneurs, qui venaient de terminer le grand viaduc de Chaumont, avaient une très-grande quantité d'ouvriers charpentiers et de bois qu'ils pouvaient utiliser immédiatement pour l'exécution des dites estacades.

MM. Parent Schaken et Cᵉ avaient aussi, sur la ligne de Mulhouse comme sur la ligne de Gray, un très-grand nombre d'ouvriers et d'équipages de transports, dont ils pouvaient au besoin détacher une partie sur l'embranchement du camp de Châlons ; la Compagnie leur confia l'exécution de la majeure partie des terrassements, de tous les ouvrages d'art et des travaux de ballastage.

M. Chèvremont, associé de ces entrepreneurs, et M. Gourdin, leur chef de service sur la ligne de Gray, furent chargés plus spécialement de l'exécution des travaux à eux concédés sur l'embranchement du camp.

Une portion des terrassements fut réservée à un des entrepreneurs ordinaires de la Compagnie sur la ligne de Strasbourg, M. Guilleri, qui avait eu particulièrement mission d'employer les ouvriers du pays.

Les barrières de passages à niveau et d'autres ouvrages de charpenterie furent donnés à M. l'entrepreneur Mort, qui était chargé de travaux de même nature sur une partie de la ligne de Mulhouse.

La construction des bâtiments provisoires des stations fut confiée enfin à M. Madin, entrepreneur de menuiserie, qui avait fait exécuter des bâtiments semblables sur la ligne de Strasbourg comme sur la ligne de Mulhouse, et qui avait aussi à sa disposition tout un personnel de contre-maîtres et d'ouvriers spéciaux pour l'exécution prompte et complète de ces travaux.

Je réservai, pour le faire exécuter en régie, l'établissement des voies de fer et autres accessoires de la voie.

Toutes les opérations graphiques nécessaires furent entreprises sur tout le développement de l'embranchement; les dispositions les plus convenables furent prises immédiatement pour l'approvisionnement des matériaux de toute nature, et l'on peut même dire que les travaux furent attaqués sur tous les points, au fur et à mesure du tracé de l'axe et de l'enlèvement des récoltes après le règlement des indemnités mobilières.

L'administration supérieure et l'administration départementale nous prêtaient aussi un concours incessant pour faciliter l'exécution des travaux.

Une décision du ministre de l'agriculture, du commerce et des travaux publics, en date du 21 juillet, prise sur l'avis conforme du Conseil général des ponts et chaussées, avait approuvé le projet de divers travaux d'art. (*Annexe n° VIII.*)

Un arrêté du préfet de la Marne, en date 22 juillet, avait approuvé l'occupation de divers terrains appartenant à l'Etat et l'enlèvement de cavaliers sur les dépendances du canal de la Marne au Rhin. (*Annexe n° IX.*)

Et enfin, une décision du ministre de l'intérieur, en date du 21 juillet, avait autorisé l'établissement d'une ligne télégraphique sur le nouvel embranchement. (*Annexe n° X.*)

Telle était la situation des choses, lorsque S. M. l'Empereur vint coucher à Châlons le 28 dudit mois de juillet, en revenant de Plombières, et me fit donner l'ordre de me trouver le lendemain, à neuf heures du matin, à la gare de Mourmelon, pour lui donner des renseignements sur le degré d'avancement des travaux.

L'Empereur passa près de la gare de Mourmelon bien avant l'heure indiquée la veille, mais Sa Majesté laissa sur les lieux un aide de camp pour m'inviter à aller l'attendre sur un point déterminé du camp, et à me joindre à son état-major pour déjeuner avec elle.

Pendant le repas, je fus appelé à rendre compte à l'Empereur, qui m'avait fait asseoir auprès de lui, de toutes les dispositions qui avaient été prises pour assurer l'exécution des travaux dans les délais promis.

Sur l'observation qui me fut faite que l'obligation d'établir la gare de Mourmelon sur la rive droite du ruisseau du Cheneux avait donné lieu à des difficultés sérieuses pour la traversée de la vallée de ce ruisseau, je répondis que, dans les travaux, les ingénieurs ne reconnaissaient guère de difficultés insurmontables, et que, dans l'espèce, la question se résoudrait par une augmentation de dépenses de 100,000 francs et quelques jours de plus pour l'achèvement des travaux.

Sa Majesté indiqua que dans cette situation il fallait laisser la gare de Mourmelon sur la rive droite, comme elle l'avait prescrit précédemment.

Sa Majesté voulut bien me dire que, si je le désirais, elle donnerait des ordres pour qu'il fût mis à ma disposition des troupes d'infanterie et même une compagnie de génie pour activer l'exécution des travaux : je répondis que le concours d'ouvriers militaires ne me paraissait pas nécessaire alors, parce que la promptitude avec laquelle l'embranchement du camp de Châlons devait être exécuté exigeait l'emploi de chefs d'ateliers et d'ouvriers ayant une habitude toute spéciale des travaux de chemins de fer; qu'il pourrait arriver, toutefois, que j'eusse besoin à un moment donné de quelques compagnies d'infanterie, et que je serais heureux, dans cette éventualité, de pouvoir m'adresser à S. Exc. M. le ministre de la guerre, pour obtenir ce concours. L'aide de camp de service auprès de Sa Majesté fut chargé de prendre les dispositions nécessaires à cet effet.

On verra plus loin que je n'ai pas eu besoin d'user de la faculté qui m'avait été laissée.

Les travaux de toute nature étaient en activité sur tout le développement de l'embranchement, lorsqu'un officier supérieur de la maison de l'Empereur vint au camp de Châlons vers le 12 août, pour faire préparer les logements de Sa Majesté et de son état-major.

Les renseignements qui lui furent donnés indirectement, et ce qu'il avait pu voir par lui-même de la route, lui firent supposer que les travaux n'étaient pas dans un degré d'avancement tel qu'ils pussent être terminés dans le délai voulu,; il adressa un rapport dans ce sens à Sa Majesté.

Les ouvrages d'art ainsi que les terrassements les plus importants, à l'exécution desquels étaient employés un grand nombre d'ouvriers, se trouvant en dehors des routes ou chemins aboutissant au camp, cet officier supérieur avait pu être trompé par les apparences, mais son rapport n'en mit pas moins toute l'administration supérieure en émoi.

Je fus appelé auprès de M. le ministre de la guerre, qui insista vivement pour que j'adjoignisse à mes ouvriers ordinaires plusieurs bataillons d'infanterie. Je fis observer de nouveau à Son Excellence qu'il y avait assez d'ouvriers de tout genre sur les travaux, et que des ouvriers militaires ne pourraient pas y être employés avantageusement, en ce sens qu'il s'agissait plus spécialement d'établir des voies de fer, pour lesquelles j'occupais des ouvriers poseurs tout spéciaux, et que pour les terrassements j'avais aussi des contre-maîtres et des ouvriers qui, avec le tracé de l'axe et des piquets de hauteur, pouvaient, sans autres renseignements ni direction, exécuter la plateforme du chemin de fer.

D'un autre côté, M. le ministre de l'agriculture, du commerce et des travaux publics écrivit à la Compagnie des chemins de fer de l'Est pour lui indiquer que, conformément aux intentions exprimées par S. M. l'Empereur, il invitait M. l'inspecteur général Bailloud à se rendre immédiatement à Châlons-sur-Marne pour examiner les travaux du chemin de fer qui devait relier cette ville au camp, et rechercher, de concert avec moi, les mesures les plus propres à assurer l'achèvement de ce chemin à l'époque convenue ; Son Excellence invitait, en outre, la Compagnie à lui faire connaître si le concours d'un régiment d'infanterie lui paraissait utile pour activer l'exécution des travaux. (*Annexe n° XI.*)

Je venais de passer huit jours sur l'embranchement, lorsque cette lettre parvint à la Compagnie, mais je n'hésitai pas à me rendre auprès de M. Bailloud et à me mettre à sa disposition pour la tournée d'inspection dont il était chargé.

Je ne craignis pas, toutefois, de résister dès l'abord, et autant qu'il était en mon pouvoir, à l'adjonction d'ouvriers militaires à mes ouvriers ordinaires, tout en reconnaissant que je prenais ainsi une très-grande responsabilité.

L'examen sur les lieux des travaux de l'embranchement du camp de Châlons avec M. Bailloud eut lieu pendant la journée du 19 août ; je n'ajouterai rien au rapport que cet inspecteur général a adressé après sa tournée à l'administration supérieure (*Annexe n° XII*) pour indiquer son impression sur le degré d'avancement des travaux, sur les dispositions prises pour en assurer l'exécution, et sur l'inutilité de mesures nouvelles.

J'avais bien franchement la pensée que le concours de la troupe n'était pas nécessaire, par les motifs que j'ai indiqués déjà, mais j'avoue qu'il y avait aussi un certain sentiment d'amour-propre qui me portait à agir ainsi. On eût pu dire, en effet, dans l'hypothèse de ce concours, que j'avais été impuissant à exécuter les travaux dans les délais voulus, avec les ouvriers civils et au moyen des dispositions et mesures que j'avais prises. Cette résistance m'imposait rationnellement plus d'obligations; il fallait arriver en temps opportun.

Dans cette situation, je dus faire de nouveaux efforts pour imprimer aux travaux la plus grande activité possible.

J'avais déjà fait venir sur les lieux un assez grand nombre de poseurs des équipes d'entretien des lignes en exploitation.

Je fis porter à deux cents le nombre de ces ouvriers spéciaux, en mettant à leur tête les meilleurs chefs poseurs de la Compagnie.

Des compagnons charpentiers étaient employés en grand nombre pour la confection et la pose des estacades et des ponts en charpenterie.

Des compagnons menuisiers et peintres montaient les bâtiments de la station de Mourmelon.

J'avais alors deux mille quatre cents ouvriers de toutes professions répandus sur la ligne de l'embranchement ou travaillant en dehors de la ligne pour préparer les ouvrages accessoires.

Les villages à proximité de l'embranchement ne présentant pas assez de ressources pour loger et nourrir tous ces ouvriers, j'avais dû suppléer à cette insuffisance en faisant élever sur divers points des tentes où les ouvriers trouvaient un abri convenable pour se reposer le jour et même pour passer la nuit; j'avais organisé aussi un service d'approvisionnement de vivres pour assurer leur nourriture.

Au moyen de ces dispositions, les travaux furent attaqués avec une si grande activité, que je pus adresser au Comité de direction et au Conseil d'administration un rapport détaillé sur leur degré d'avancement (*Annexe n° XIII*), rapport dans lequel j'annonçais leur prochain achèvement. Le Comité de direction fit part de cette situation à M. le ministre de l'agriculture du commerce et des travaux publics, en réclamant de Son Excellence la nomination de la Commission qui devait procéder à la réception provisoire des travaux.

Mais il n'était pas dit que j'aurais pour moi toutes les chances favorables. A la fin du mois d'août, la chaleur était devenue accablante ; un orage épouvantable en fut la conséquence, et une pluie battante de vingt-quatre heures vint inonder nos chantiers. Les tentes ne suffirent plus pour abriter nos poseurs; les ouvriers se répandirent dans des villages assez éloignés, et les ateliers furent ainsi désorganisés. Le beau temps fit remettre tout le monde à l'œuvre, mais il n'en résulta pas moins une perte de quatre grandes journées de travail.

Dans ces circonstances, S. M. l'Empereur se rendit au camp de Châlons pour s'y fixer, et y arriva le samedi 29 août.

La présence du souverain sur les lieux mêmes détermina un nouvel effort pour arriver à mettre les travaux dans des conditions telles que l'embranchement pût être livré promptement à l'exploitation.

S. Exc. M. le ministre de l'agriculture, du commerce et des travaux publics avait désigné pour composer la Commission chargée de procéder à la réception provisoire des travaux :

M. Bailloud, inspecteur général des ponts et chaussées, comme président;

M. Couche, ingénieur en chef des mines, et M. Lefort, ingénieur en chef des ponts et chaussées.

Je me mis en rapport avec le président pour m'entendre sur le moment où la Commission pourrait se rendre sur les lieux, et le jour de la tournée de réception fut définitvement fixé au 12 du mois de septembre.

De son côté, M. le comte de Ségur, président du Conseil d'administration de la Compagnie, avait écrit dès le 7 septembre à M. le général Fleury pour lui indiquer que la Compagnie avait l'intention de faire, le lundi 14 dudit mois, un train d'essai qui arriverait au camp à trois heures, et de profiter de cette occasion pour présenter à l'Empereur le train impérial qui était achevé; M. le comte de Ségur indiquait, en outre, qu'il lui serait reconnaissant s'il voulait bien prendre les ordres de Sa Majesté et les lui communiquer.

Quelques journées pluvieuses vinrent encore apporter des entraves à l'exécution des travaux, mais la tournée de réception eut lieu au jour fixé ; MM. les membres de la Commission y mirent toute la complaisance possible, car ils durent attendre, pour pouvoir passer avec le train, l'achèvement des estacades de la vallée de la Vesle, à Bouy, et de la vallée du ruisseau du Cheneux, à Mourmelon.

Le procès-verbal de réception fut rédigé et signé immédiatement avec les réserves que la Commission jugea convenable d'y insérer, et ce procès-verbal (*Annexe n° XIV*) fut adressé immédiatement à M. le ministre de l'agriculture, du commerce et des travaux publics.

Son Excellence prit elle-même, le 14 septembre, une décision pour autoriser l'ouverture de la circulation publique sur l'embranchement du camp de Châlons, à partir du 16 dudit mois, conformément aux conclusions du procès-verbal de la Commission. (*Annexe n° XV.*)

Le général Fleury transmit à M. le comte de Ségur les ordres de l'Empereur, et il fut arrêté que le train d'inauguration aurait lieu le lundi 15.

Ainsi que nous l'avons indiqué au commencement de cet exposé, le premier coup de pioche avait pu être donné le 12 juillet, le mouvement des trains devait avoir lieu le 15 septembre ; l'embranchement du camp de Châlons, d'un développement de $25^k,238^m$, avait donc été exécuté dans un délai de soixante-cinq jours, bien qu'aux termes des prescriptions du cahier des charges, le délai d'exécution eût pu être porté à six mois. Nous n'avons pas besoin de rappeler que, d'après le premier projet, la longueur du tracé ne devait être que de 16 kilomètres, que la station extrême du nouveau tracé, qui fut définitivement adopté, devait se trouver sur la rive gauche du ruisseau du Cheneux, vis-à-vis le village de Livry, et que cette station avait été reportée sur la rive droite, conformément aux ordres de l'Empereur, auquel j'avais fait observer, le 29 juillet, que cette modification ne devait donner lieu à aucune difficulté sérieuse, au point de vue des travaux, mais qu'il devait en résulter une augmentation de dépense de 100,000 francs et quelques jours de travail de plus.

Nous devons faire observer, et nous sommes heureux de le constater, que la Compagnie n'aurait pas eu la possibilité d'exécuter ainsi un embranchement de 25 kilomètres en soixante-cinq jours, si elle n'avait pas trouvé auprès de S. Exc. M. Rouher, ministre de l'agriculture, du commerce et des travaux publics, comme auprès de M. de Franqueville, directeur général des ponts et chaussées et des chemins de fer, toutes les facilités nécessaires à cet effet, et si M. Chassaigne, préfet de la Marne, ne nous avait prêté un concours incessant en tout et pour tout, mais notamment pour arriver à l'occupation des terrains nécessaires à l'emplacement du chemin de fer et dépendances, avant l'accomplissement de toutes les formalités nécessaires en pareille circonstance.

D'un autre côté, je n'aurais pas été en mesure moi-même de remplir cette tâche, si le Conseil d'administration [1] et le Comité de direction [2] ne m'avaient pas donné les pouvoirs les plus étendus pour l'exécution des travaux comme pour le règlement des indemnités foncières et mobilières, et si mes collègues, M. Sauvage, alors ingénieur en chef du matériel, et M. Hallopeau, alors aussi chef de l'exploitation, ne m'avaient pas aidé puissamment pour assurer l'exécution de toutes les dispositions qui concernaient leurs services respectifs.

J'ai indiqué enfin, dans mon rapport du 27 août (*Annexe n° XIII*), combien il avait été apporté de zèle, d'efforts et de soins pour l'exécution des travaux par MM. les ingénieurs et chefs de section de la Compagnie et MM. les chefs de service des diverses entreprises.

---

[1] Le Conseil d'administration était alors ainsi composé :
*Président :* M. le comte de Ségur ; *vice-président :* M. le duc de Galliera.
*Membres du Conseil :* MM. Baignères, Blaque-Belair, Chevandier, Davilliers, Dollfus, Dubochet, d'Eichthal, Fol, Hainguerlot, baron d'Hervey, Jayr, Marcuard, Perdonnet, baron Renouard de Bussière, barons James et Alphonse de Rothschild, Roux et Touchard.
[2] MM. le comte de Ségur, le duc de Galliera, le baron d'Hervey, Baignères, Perdonnet, Jayr et Roux formaient le Comité de direction.

3

L'inauguration de l'embranchement eut lieu le 15 septembre, et l'ouverture de la circulation publique se fit le lendemain 16, conformément aux autorisations et ordres donnés.

Dans le train d'inauguration se trouvaient :

S. Exc. M. Rouher, ministre de l'agriculture du commerce et de travaux publics ;

M. de Franqueville, directeur général des ponts et chaussées et des chemins de fer ;

M. le comte de Ségur, M. le baron d'Hervey, M. Dubochet, M. Emile Pereire, M. Perdonnet et M. Roux, membres du Comité de direction ou du Conseil d'administration de la Compagnie des chemins de fer de l'Est ;

M. Sauvage, ingénieur en chef du matériel et de la traction, accompagné de M. Vuillemin, son adjoint ;

M. Hallopeau, chef d'exploitation ;

M. Parent, accompagné de son gendre, M. Lebœuf de Montgermont, et de MM. Chèvremont et Gourdin ;

Et divers représentants de la presse parisienne.

J'étais aussi dans le même train, avec M. Martin, ingénieur principal, qui s'était plus spécialement occupé, sous mes ordres, des travaux de l'embranchement.

L'Empereur arriva à la gare de Mourmelon presque en même temps que le train d'inauguration, (lundi 15 septembre, à trois heures de l'après-midi). Sa Majesté y fut reçue par S. Exc. M. le ministre des travaux publics, par M. de Franqueville, par M. le comte de Ségur et par MM. les membres du Conseil d'administration ; les chefs de service de la Compagnie lui furent successivement présentés.

L'Empereur visita toutes les voitures du train impérial que le service du matériel avait fait exécuter dans les ateliers de la Villette, et que la Compagnie mettait immédiatement à sa disposition. Sa Majesté voulut bien en témoigner toute sa satisfaction, en exprimant combien elle était sensible à cette attention.

M. Sauvage fut appelé à donner à Sa Majesté quelques détails sur une machine locomotive disposée pour consumer la fumée et construite dans le système de M. l'ingénieur Dumery, qui se trouvait aussi sur les lieux et qui put compléter les explications.

Avant de quitter la gare de Mourmelon, l'Empereur fit appeler dans la voiture-salon du train impérial S. Exc. M. Rouher, M. de Franqueville et M. de Ségur, qui avait exprimé le désir de solliciter des décorations à l'occasion de l'inauguration de l'embranchement du camp de Châlons.

M. le comte de Ségur, se faisant l'organe du Conseil d'administration, appela l'attention de Sa Majesté sur MM. Perdonnet et Roux, tous deux membres du Comité de direction de la Compagnie, et il sollicita une croix d'officier pour M. Perdonnet et une croix de chevalier pour M. Roux.

Dans mes divers rapports j'avais signalé, comme s'étant particulièrement fait remarquer dans l'exécution des travaux de l'embranchement, M. Martin, ingénieur principal de la Compagnie, et M. Chèvremont, associé de MM. Parent Schaken et Cᵉ, en indiquant que, tout en rendant justice au zèle et à l'activité de M. Gourdin, chef de service de l'entreprise, on aurait une occasion toute naturelle de le mettre en évidence lorsque Sa Majesté visiterait le viaduc de Chaumont ; M. le comte de Ségur se borna à demander la croix de chevalier pour M. Martin et pour M. Chèvremont.

M. de Ségur demanda aussi, sur la proposition de M. l'ingénieur en chef du matériel, une croix de chevalier pour M. Boutard, l'ingénieur de ce service, qui avait apporté tant de soins dans la construction du matériel de la Compagnie et qui venait de se distinguer notamment dans l'établissement du train impérial.

Sa Majesté voulut bien accueillir ces diverses demandes, qui furent appuyées d'une manière toute particulière par S. Exc. M. le ministre des travaux publics.

L'Empereur fit inviter MM. les membres du Conseil d'administration et MM. les chefs de service de la Compagnie à venir dîner avec lui, et M. le comte de Ségur fut chargé de transmettre la même invitation aux ingénieurs qui devaient recevoir les décorations obtenues pour eux; nous devions être rendus au quartier général une heure avant le dîner.

Les décrets furent préparés dans l'intervalle, et en arrivant au camp, l'Empereur remit la croix d'officier de la Légion d'honneur à M. Perdonnet et la croix de chevalier à M. Roux, ainsi qu'à MM. Martin, Boutard et Chèvremont.

Après ces distributions de décorations, l'Empereur, auprès duquel se trouvaient L. Exc. M. le maréchal Vaillant, ministre de la guerre, M. Rouher, ministre des travaux publics et M. le comte de Ségur, me fit appeler et daigna me témoigner toute sa satisfaction pour la rapidité avec laquelle avait été improvisé l'embranchement du camp de Châlons, malgré les difficultés de la traversée des vallées de la Marne, de la Vesle et du ruisseau du Cheneux. Sa Majesté voulut bien me faire dire aussi que le gouvernement s'occuperait de moi au moment de l'ouverture de la ligne de Mulhouse.

Sa Majesté me fit prescrire enfin de me trouver dans le train lors de son prochain voyage en Alsace, pour me mettre à sa disposition pendant le trajet et lui donner des renseignements sur diverses lignes de chemins de fer dépendant ou aboutissant aux chemins de fer de l'Est.

Ces renseignements et les explications que j'eus l'honneur de donner à Sa Majesté pendant le trajet de Châlons à Strasbourg, dans la journée du 24 septembre, contribuèrent à déterminer le tracé, par Aillevillers et Port-l'Atelier, de la ligne d'Epinal à Vesoul, que les autorités départementales auraient voulu faire passer par Luxeuil, direction qui eût entraîné la Compagnie dans des dépenses considérables, tout en allongeant le trajet de Paris à Plombières.

On peut dire encore que c'est à l'exécution rapide de l'embranchement du camp de Châlons que la Compagnie a dû la solution d'une des questions les plus importantes qu'elle ait eues à traiter.

Aux termes du cahier des charges, le chemin de Vincennes devait aboutir à la place de la Bastille; les projets de tracé avaient été dressés dans cette hypothèse et approuvés par toutes les autorités compétentes; les expropriations avaient même été faites jusqu'à ce point.

M. le préfet de la Seine fit observer, plus tard, que cette disposition nuirait essentiellement à la création d'un boulevard devant aboutir à la place de la Bastille; il en démontra vivement les inconvénients, et il mit tant d'instance dans la demande d'une modification à ces dispositions premières, qu'il finit par faire prendre une décision aux termes de laquelle le chemin de Vincennes devait s'arrêter au boulevard Mazas.

La Compagnie avait fait vainement des démarches pour faire rapporter cette décision, et il ne paraissait pas qu'il y eût lieu de revenir jamais sur cette question.

Lors de l'inauguration de l'embranchement du camp de Châlons, M. le comte de Ségur demanda et obtint de S. M. l'Empereur que cette affaire importante serait reprise et examinée à nouveau.

Après de longues discussions, les réclamations de la Compagnie, qui étaient reconnues comme fondées en droit par S. Exc. le ministre de l'agriculture du commerce et des travaux publics, furent portées devant le Conseil des ministres, et il fut décidé que le chemin de Vincennes aboutirait définitivement à la place de la Bastille, conformément aux stipulations du décret de concession.

Il fut arrêté, toutefois, que l'axe du chemin de fer serait modifié à partir de la rue de Charenton jusqu'à la place de la Bastille, pour permettre l'établissement d'un boulevard latéral d'une largeur de 30 mètres sur une partie de ce parcours.

La rapidité, avec laquelle a été établi l'embranchement du camp de Châlons nous a fait penser qu'il pouvait y avoir de l'intérêt à entrer dans quelques détails sur la nature des travaux qui y ont été exécutés, sur leur mode d'exécution et sur les dispositions qui avaient été prises pour arriver en temps voulu; c'est dans ce but que nous avons entrepris la présente publication.

Nous y traiterons successivement les questions relatives aux tracés en plan et en profil, aux acquisitions et occupations de terrains, à l'exécution des terrassements et des ouvrages d'art, au ballastage et à la pose des voies de fer, à la construction des stations et ouvrages accessoires, et enfin aux dépenses de premier établissement.

# EMBRANCHEMENT DU CAMP DE CHALONS

## CHAPITRE I.

TRACÉS EN PLAN ET EN PROFIL. — PROFIL TRANSVERSAL.

Aux termes de l'article 2 de la convention provisoire du 2 juillet 1857, intervenue entre le ministre de l'agriculture du commerce et des travaux publics et la Compagnie pour la construction et l'exploitation de l'embranchement du camp de Châlons, et sanctionnée par décret du lendemain 3 dudit mois, le chemin de fer ci-dessus énoncé devait être soumis au décret du 17 août 1853 relatif à la ligne de Paris à Mulhouse, sous la réserve toutefois de certaines modifications concernant les ouvrages d'art, dont il sera parlé ultérieurement.

D'après l'article 8 du cahier des charges de la concession du chemin de fer de Paris à Mulhouse : « les alignements droits devaient se rat-« tacher suivant des courbes dont le rayon minimum était fixé à « trois cent cinquante mètres (350 mètres), et, dans le cas de ce rayon « minimum, les raccordements devaient, autant que possible, s'opé-« rer sur des paliers horizontaux.

« Le maximum des pentes et rampes ne devait pas excéder dix « millimètres par mètre; il pouvait être porté exceptionnellement à « quinze millimètres par mètre, avec l'approbation spéciale de l'ad-« ministration.

« La Compagnie avait même la faculté de proposer aux dispositions
« de cet article les modifications dont l'expérience pouvait indiquer
« l'utilité ou la convenance; mais ces modifications ne pouvaient être
« exécutées que moyennant l'approbation préalable et le consente-
« ment de l'administration supérieure. »

Il n'avait pas été nécessaire, pour les tracés en plan et en profil de
l'embranchement du camp de Châlons, non-seulement de demander
des modifications aux prescriptions du cahier des charges, mais encore d'atteindre les limites exceptionnelles du rayon minimum des
courbes et de déclivité des pentes et rampes.

Il a été indiqué dans divers rapports faisant partie des annexes, que
le tracé définitif de l'embranchement du camp de Châlons se détachait
de la ligne principale du chemin de fer de Paris à Strasbourg, à 1200 mètres environ du pont de la route impériale à Châlons; qu'il traversait
la vallée de la Marne, et franchissait cette rivière, ainsi que le canal
latéral à la Marne, entre Récy et Saint-Martin; qu'il se développait
dans les plaines de Récy et de Juvigny, pour gravir le faîte séparatif
des vallées de la Marne et de l'Aisne; qu'il coupait, près le village de
la Veuve, la route impériale de Châlons à Reims; qu'il entrait dans la
vallée de la Vesle à la proximité de Saint-Hilaire, pour la franchir à
Bouy; qu'il longeait ensuite cette vallée jusqu'au droit du village de
Livry; qu'il venait aboutir au nord de Mourmelon-le-Petit, sur la
rive droite du ruisseau du Cheneux, et qu'enfin son développement
total était de 25,238 mètres. (Voir la carte-planche n° 1.)

Dans tout ce parcours, le rayon des courbes de raccordement des
alignements droits est de 1,000 mètres, et ce n'est qu'exceptionnellement qu'il est descendu à 600 mètres sur une longueur de 1,370
pour contourner le mamelon de Juvigny; nous ne parlons pas d'une
courbe de 500 mètres de rayon adoptée provisoirement pour dévier
l'axe du chemin de fer dans la traversée de la vallée de la Marne.

Dans les autres parties de la ligne, on a conservé uniformément le rayon de 1,000 mètres, non-seulement parce qu'il pouvait être admis sans déterminer des augmentations de déblais ou·de remblais, mais encore parce qu'on avait la possibilité de faire plus rapidement sur le terrain le tracé et le piquetage de l'axe du chemin de fer ; la rapidité avec laquelle devaient être exécutés ces travaux ne permettait pas qu'il fût négligé aucune occasion d'économiser le temps.

Dans le tracé en profil, les déclivités de pentes et rampes n'excédent pas en général 6 millimètres ; elles n'ont été portées exceptionnellement qu'à 8 et 12 millimètres pour gravir le faîte séparatif des vallées de la Marne et de la Vesle, comme pour rentrer dans cette dernière vallée.

Le développement des parties de la ligne, où la déclivité des pentes et rampes atteint le chiffre de $0^m,008$ à $0^m,012$, n'est que de 6,734 mètres, et la déclivité de $0^m,012$ a même été réduite plus tard à $0^m,0118$.

Les tracés, tels qu'ils étaient au moment de la réception, peuvent, du reste, être résumés comme suit, savoir :

Pour le tracé en plan :

| | |
|---|---|
| Alignements droits. . . . . . . . . . . . . . | $15,264^m,26$ |
| Courbes. . . . . . . . . . . . . . . . . | 9,974 ,54 |
| Total égal. . . . . | 25,238 ,80 |

Pour le tracé en profil :

| | |
|---|---|
| Paliers.. . . . . . . . . . . . . . . . . . | $3,138^m,15$ |
| Pentes. . . . . . . . . . . . . . . . . . | 11,282 ,36 |
| Rampes. . . . . . . . . . . . . . . . . | 10,218 ,29 |
| Total. . . . . . . | 25,238 ,80 |

Conformément aux stipulations du décret de concession, les terrassements n'ont été exécutés que pour une simple voie ; elle est placée à droite de l'axe pour permettre au besoin l'établissement de la seconde voie.

4

Le profil transversal n'est donc disposé généralement que pour une seule voie ; il a été exécuté, toutefois, pour deux voies sur plusieurs points, à l'effet de permettre l'établissement de voies de garage et de stationnement.

Les dessins de la planche n° 11 donnent, du reste, toutes les indications de détails pour les tracés en plan et en profil, et pour les dimensions, dans diverses hypothèses, du profil transversal.

Il a été indiqué que la gare extrême de Mourmelon, qui devait être établie d'abord sur la rive gauche du ruisseau du Cheneux, en face du village de Livry, avait été reportée sur la rive droite, entre le vallon et le chemin vicinal conduisant du grand au petit Mourmelon ; des motifs puissants avaient déterminé cette modification ; d'une part, tous les magasins et les parcs à bestiaux se trouvaient sur la même rive, dans des terrains attenant à la gare, et, d'autre part, il fallait réserver l'avenir, dans l'hypothèse du prolongement de l'embranchement jusqu'à Reims; ce prolongement est aujourd'hui en cours d'exécution.

# CHAPITRE II.

Aux termes des stipulations du décret de concession, les surfaces des terrains à occuper pour le chemin de fer et ses dépendances devaient être calculées dans l'hypothèse de l'établissement de deux voies ; c'est d'après ces bases que ces surfaces ont été déterminées sur les lieux, en y ajoutant les terrains nécessaires pour les maisons de garde près des routes et chemins qui devaient être traversés à niveau, conformément, du reste, aux instructions données dès l'origine. (*Annexes* n°ˢ VI et VII.)

Conformément aux mêmes instructions, des zones de 60 mètres de largeur sur une longueur de 200 mètres avaient été tracées pour rendre possible au besoin l'établissement de stations intermédiaires à la Veuve et à Bouy, et cette largeur de zone avait été portée à 80 mètres entre le vallon du ruisseau du Cheneux et le chemin de Mourmelon-le-Petit à Mourmelon-le-Grand pour l'emplacement de la gare extrême de Mourmelon.

Si l'on avait voulu opérer régulièrement pour arriver à l'occupation des terrains nécessaires à l'établissement du chemin de fer et de ses dépendances, il eût fallu :

Arrêter définitivement le tracé sur les lieux et le faire approuver après enquête préalable ;

Lever les plans parcellaires et faire faire les enquêtes du titre II de la loi du 3 mai 1841 pour fixer les limites des dépendances du chemin de fer et déterminer les ouvrages d'art devant assurer le rétablissement des communications et l'écoulement des eaux de surface ;

Faire procéder à toutes les formalités d'expropriation ;

Ouvrir de nouvelles enquêtes spéciales pour l'établissement des stations, et recommencer les expropriations pour les terrains nécessaires à l'emplacement de ces stations.

Toutes ces formalités n'auraient pas été terminées certainement dans le délai de six mois prescrit par le décret de concession pour l'achèvement de l'embranchement ; on peut même dire qu'elles auraient été à peine commencées utilement à l'époque où le chemin de fer était déjà terminé et ouvert à l'exploitation publique.

Une décision ministérielle, en date du 23 juin 1857, avait autorisé la Compagnie du chemin de fer de l'Est à faire les études nécessaires pour l'établissement d'un chemin de fer de raccordement entre la ligne de Strasbourg et le camp de Châlons-sur-Marne ; et, en vertu de cette décision, M. le préfet de la Marne avait pris, le 27 juin suivant, un arrêté pour autoriser l'ingénieur en chef de la Compagnie et les agents placés sous ses ordres à entrer dans les propriétés closes et non closes, à l'effet de procéder au lever des plans, sondages, nivellements et autres opérations nécessaires pour l'établissement du chemin de fer projeté.

Les indemnités auxquelles pouvaient avoir droit les propriétaires pour causes de dommages résultant des opérations ci-dessus indiquées, devaient être réglées à l'amiable, ou, à défaut, par le Conseil de préfecture, conformément aux dispositions de la loi du 16 septembre 1807.

Il fallait se servir de cette décision et de cet arrêté, en étendant leurs dispositions, auprès des maires des communes dont les terroirs étaient traversés. Des instructions furent données en conséquence pour que la zone des terrains nécessaires à l'emplacement du chemin de fer et dépendances fussent déterminées sur le terrain, au fur et à mesure du piquetage de l'axe du tracé, et pour que l'évaluation des indemnités mobilières, comme la nature de la surface à occuper dans chaque parcelle touchée, suivissent la détermination de la zone.

On réunissait alors les propriétaires et les fermiers aux mairies des diverses communes, et en soldant les indemnités mobilières, on faisait signer à chaque partie intéressée un bulletin aux termes duquel la Compagnie était autorisée à prendre immédiatement possession des terrains, sous la condition de payer, à dater du jour de cette signature, l'intérêt à 5 pour 100 des indemnités foncières, qui seraient réglées ultérieurement, soit à l'amiable, soit par le jury d'expropriation.

Les agents de la Compagnie avaient l'ordre exprès de ne pas s'occuper, sous aucune espèce de prétexte, de la question des indemnités foncières, et de répondre purement et simplement, si on venait à en parler, que l'ingénieur en chef de la Compagnie s'était réservé de traiter ces questions directement.

Il est certain qu'il eût suffi d'un propriétaire récalcitrant pour nous arrêter dans l'occupation des terrains, et en conséquence, dans l'exécution des travaux; mais le système suivi a parfaitement réussi, grâce surtout à l'appui bienveillant et officieux de M. le préfet de la Marne auprès des autorités municipales, et, à la fin du mois de juillet, on était bien et dûment en possession de tous les terrains nécessaires à l'emplacement du chemin de fer et de ses dépendances dans toute l'étendue de son développement.

Nous nous sommes toujours bien trouvé, du reste, pour arriver à la prompte occupation des terrains, sur les lignes du second réseau de la Compagnie des chemins de fer de l'Est, du système admis sur l'embranchement du camp de Châlons et consistant à ne s'occuper d'abord que de la fixation et du règlement des indemnités mobilières en laissant provisoirement de côté les questions relatives aux indemnités foncières.

On doit concevoir parfaitement, du reste, qu'il est presque toujours facile d'arriver à se mettre d'accord sur des indemnités mobilières, mais qu'il n'en est pas ainsi des indemnités foncières, et qu'une dissidence sur le chiffre de ces indemnités amène immédiatement une difficulté insurmontable.

Pour le règlement des indemnités foncières, nous avons procédé ensuite, conformément aux instructions que nous avions rédigées précédemment pour la ligne de Mulhouse, de concert avec le chef du contentieux de la Compagnie.

# CHAPITRE III.

Pour établir l'embranchement du camp de Châlons dans le délai de deux mois, il fallait évidemment disposer le tracé en profil, de telle sorte que les travaux de terrassements fussent réduits dans les plus petites limites possibles en cube comme en transport; il était même indispensable d'admettre en principe que les déblais des parties en tranchées seraient exécutés en retroussant les terres, et que les remblais des parties en levées seraient faites au moyen d'emprunts latéraux.

L'exécution des déblais par retroussement et des remblais par voie d'emprunts latéraux était le meilleur mode à suivre pour bien utiliser la main-d'œuvre sous le rapport de l'activité du travail ; mais cette règle n'a pas été suivie sans exception.

Ainsi, les déblais ont été employés en remblais utiles aux extrémités des parties en déblais succédant à des parties en levées, et, dans des circonstances plus exceptionnelles, les déblais d'une grande tranchée ont été employés en totalité à l'exécution d'un remblai.

Cette dernière exception a été admise notamment pour la grande tranchée de Juvigny avec les remblais à la suite et pour les terrassements de la gare de Mourmelon.

La tranchée de Juvigny s'étendait sur une longueur de 800 mètres environ, et sa profondeur maxima était de $7^m,50$. La levée à l'est avait une longueur de 680 mètres avec une hauteur maxima de $5^m,40$

et il y avait à l'ouest une autre levée de 725 mètres, mais seulement d'une hauteur de 1ᵐ,50. On a pu ainsi, à l'origine des travaux et pendant un assez long espace de temps, avoir six points d'attaque, trois de chaque côté pour l'exécution des déblais avec des tombereaux qui les transportaient immédiatement pour la formation des remblais.

On déblayait en suivant l'axe de la tranchée et en chargeant directement dans les tombereaux, et de chaque côté on retroussait les terres pour les charger ensuite sur les tombereaux. Ce mode d'exécution a permis d'employer sur ce point un très-grand nombre d'ouvriers et de tombereaux du pays.

Il en a été de même à la gare de Mourmelon, où il y avait à exécuter, pour l'établissement de la plate-forme, des déblais sur la largeur totale de ses dépendances vers l'extrémité ouest, et à les reporter vers l'extrémité est pour les remblais, et à compléter ces remblais au moyen d'un emprunt.

Ce mode d'exécution a été suivi aussi pour une petite tranchée au nord de la route impériale n° 44 et pour les levées y attenant.

Des terrassements assez importants ont eu lieu en outre des tranchées et levées ci-dessus indiquées, savoir :

Dans la vallée de la Marne, sur une longueur d'environ 1,500 mètres, immédiatement après la bifurcation avec le chemin de fer de Strasbourg, et aux abords des ponts sur la Marne et le canal latéral ;

Aux abords de l'estacade sur la vallée de la Vesle ;

Et sur la rive gauche du vallon du ruisseau du Cheneux, vis-à-vis le village de Livry.

Les remblais dans la vallée de la Marne ont été exécutés au moyen d'emprunts latéraux ; pour les remblais aux abords des ponts sur cette rivière et sur le canal latéral, on a utilisé les cavaliers provenant du creusement de ce canal, qui avaient été mis, à cet effet, à la disposition de la Compagnie par arrêté préfectoral.

Aux abords de l'estacade de la vallée de la Vesle, les remblais ont été exécutés au moyen d'emprunts, et on a retroussé la plus grande partie des déblais de la tranchée de Livry, qu'on a repris plus tard pour étendre les dépendances de la gare de Mourmelon.

Sur les portions restantes de l'embranchement, les déblais des tranchées ont été retroussés sur le côté, et les levées ont été formées en creusant des fossés latéraux nécessaires pour assurer l'écoulement des eaux de surface.

Nous n'avons pas besoin de faire observer que l'on a pu, au moyen de ces diverses dispositions, répartir dans toute l'étendue de l'embranchement un très-grand nombre d'ouvriers, en commençant par les points où les travaux avaient le plus d'importance, et y occuper ces ouvriers le plus utilement possible, en conséquence, sans autres fausses mains-d'œuvre que des retroussements nécessaires pour plus de célérité dans l'exécution des travaux.

Une circonstance des plus heureuses a permis de les occuper d'autant plus utilement qu'il a été possible, sur divers points, d'exécuter, en même temps que les terrassements, les premiers travaux de ballastage, en employant, à cet effet, une espèce de grouine, ou sable graveleux, qu'on trouve presque à fleur du sol dans les plaines assez arides de cette partie de la Champagne.

En exécutant les terrassements, on mettait de côté ou on employait immédiatement ces sables graveleux pour former la première couche de ballastage, sur laquelle on pouvait faire poser immédiatement la voie de fer.

On a trouvé aussi du gravier pour ballast dans le fond des emprunts latéraux aux remblais de la vallée de la Marne, de telle sorte qu'après y avoir complété la plate-forme, on a pu immédiatement en faire faire le ballastage par les mêmes ouvriers, en profitant ainsi des ateliers qui y avaient été organisés dès l'origine.

Des carrières à ballast d'une assez grande puissance, trouvées latéralement au chemin de fer sur la rive droite de la vallée de la Marne, ont permis de faire les premières couches de ballastage entre cette vallée et la traversée de la route impériale, après laquelle commençaient les premiers gisements de grouine, et de compléter plus tard le ballastage sur toute l'étendue de l'embranchement.

Le cube de déblais et de remblais par emprunts exécutés jusqu'au jour de l'inauguration a été de 272,185 mètres, subdivisés ainsi qu'il suit, savoir :

1° Remblais dans la vallée de la Marne et aux abords des ponts sur cette rivière et sur le canal latéral, ci. . . . . . . . . . . . . . . . . . . . . . . . . . . . . . . . . 48,505<sup>m</sup>

2° Tranchée de Juvigny et emprunts pour les remblais aux abords. . 66,207

3° Déblais en tranchée et en emprunt pour remblais au nord de la route impériale. . . . . . . . . . . . . . . . . . . . . . . . . . . . . . . . . 30,478

4° Remblais par emprunts aux abords de l'estacade de la vallée de la Vesle. . . . . . . . . . . . . . . . . . . . . . . . . . . . . . . . . . . . . 6,932

5° Déblais dans la tranchée de Livry . . . . . . . . . . . . . . . . 18,908

6° Terrassements dans la gare de Mourmelon. . . . . . . . . . . . . 9,044

7° Terrassements dans les autres parties de l'embranchement exécutés, savoir :

Par MM. Parent Schaken et Cᵉ, ci. . . . . . . . . . . . . 54,977

Par divers autres entrepreneurs ou tâcherons. . . . . . . . 37,034 } 92,011

Total égal. . . . . . . . 272,185<sup>m</sup>

Les talus des tranchées de Juvigny et de Livry, ouvertes dans la craie, n'avaient été exécutés pour le moment de l'ouverture qu'à l'inclinaison de 1/4 de base pour un mètre de hauteur; ils ont été portés plus tard à l'inclinaison de 45°.

Ces parachèvements ont nécessité de nouveaux déblais dont le cube a été de. . . . . . . . . . . . . . . . . . . . . . . . . . . . . . . . . . . 28,580

De sorte que le cube total des terrassements a été réellement de. . . 300,765<sup>m</sup>

La quantité de ballast mis en œuvre pour l'établissement des voies de fer a été de 50,220 mètres cubes, savoir :

1° En gravier de la vallée de la Marne. . . . . . . . . . . . . . 22,988

2° En grouine ou sable graveleux. . . . . . . . . . . . . . . . . 27,232

Total égal. . . . . . . 50,220<sup>m</sup>

On a vu que le premier coup de pioche avait été donné le 12 juillet, et que l'inauguration de l'embranchement avait eu lieu le 15 septembre suivant, ce qui faisait un laps de temps de soixante-cinq jours ; mais, si l'on observe que les ateliers n'ont pu être organisés que successivement, à partir du 12 juillet, et que les terrassements comme le ballastage ont dû être exécutés avant qu'on posât les voies de fer, on jugera facilement que c'est en moins de six semaines qu'ont dû être remués les 272,185 mètres cubes de déblais et les 50,220 mètres cubes de ballastage.

La dépense pour terrassements et ballastage, y compris les règlements de talus, s'est élevée à 705,145 francs.

Le cube total des déblais et du ballast ayant été ensemble de 350,987$^m$, le prix de revient moyen par mètre cube a donc été de 2 francs environ.

# CHAPITRE IV.

OUVRAGES D'ART ET TRAVAUX ACCESSOIRES.

Il a été indiqué qu'aux termes de la convention provisoire du 2 juillet 1857, l'embranchement du camp de Châlons devait être exécuté conformément aux prescriptions du cahier des charges annexé au décret du 17 août 1853, relatif à la ligne de Paris à Mulhouse, mais sous la réserve toutefois de certaines modifications quant aux ouvrages d'art. D'après la convention nouvelle, la Compagnie avait été autorisée à construire certains de ces ouvrages en charpenterie, à la condition de les remplacer ultérieurement par des ouvrages en maçonnerie, dans certaines éventualités, mais notamment si l'embranchement du camp de Châlons devait servir de tête de ligne pour un chemin de fer de Châlons à Sainte-Menehould.

On a exécuté dans ces conditions, savoir :

Une estacade dans la vallée de la Marne ;

Un pont sur cette rivière ;

Un pont sur le canal latéral ;

Une estacade pour la traversée de la vallée de la Vesle ;

Et une estacade pour la traversée du vallon du Cheneux.

Ce sont, du reste, les principaux ouvrages d'art de l'embranchement.

Sur une longueur de 1,445 mètres, à partir du point de jonction de l'embranchement avec la ligne de Paris à Strasbourg, il n'y avait aucun inconvénient à établir en remblais ordinaires la plate-forme nécessaire pour la pose de la voie ; mais dans la partie restante de la vallée jusqu'au chemin de halage de la Marne, il y avait à se prémunir contre les chances d'inondations.

Il n'était pas possible de songer à faire des arches en maçonnerie, le temps manquant complétement, et pour les projets à dresser à cet effet, et pour les approvisionnements de matériaux, et pour leur mise en œuvre. Le meilleur parti à prendre était évidemment d'établir dans cette partie de la vallée, formant une longueur d'environ 600 mètres, une estacade en charpenterie, et de traverser la Marne au moyen d'un viaduc construit dans le même système, de manière à ne rien changer au régime des eaux de cette rivière dans toutes les circonstances probables ordinaires ou extraordinaires.

Les mêmes motifs ont déterminé l'exécution d'un pont en charpenterie pour la traversée du canal latéral à la Marne.

La nécessité de traverser ces cours d'eau de manière à ne pas y entraver les mouvements de la navigation, et la condition d'admettre la cote de la voie (82$^m$,52 au-dessus du niveau de la mer) pour point de départ à la jonction de l'embranchement avec la ligne de Strasbourg, ont pu être combinées de telle sorte que la traversée de la vallée de la Marne s'est faite presqu'en palier, comme on peut en juger par l'examen du profil en longueur. (Planche 11.)

L'estacade de la vallée de la Marne, le viaduc sur cette rivière, et le pont sur le canal latéral pouvant être remplacés ultérieurement par des ouvrages définitifs, il a paru prudent de ne pas les établir dans l'axe du chemin de fer ; leur axe a été reporté, en conséquence, à 6$^m$,50 vers l'est, pour ménager l'emplacement nécessaire pour une construction définitive à l'ouest.

La plate-forme en terre ayant été exécutée aux abords pour la pose de la voie de droite, ou, pour mieux dire, pour la voie dont l'axe est à 1$^m$,75 de l'axe du chemin de fer vers l'est, il y a entre l'axe de cette voie et l'axe des ouvrages en charpenterie une différence de 4$^m$,75, qui a été rachetée sur les deux rives par une courbe et une contre-courbe à grands rayons.

Le temps était tellement limité, qu'il n'a pas été possible de dresser d'abord des projets bien réguliers pour les estacades de la vallée de la Marne et pour les ponts à construire sur cette rivière et sur le canal latéral, et, en conséquence, de calculer rigoureusement les dimensions de toutes les pièces de charpenterie qui devaient entrer dans l'établissement de ces ouvrages d'art.

C'était en courant et presque d'instinct que nous faisions des croquis d'exécution qui étaient livrés aux entrepreneurs et ensuite aux dessinateurs pour la rédaction des dessins, qui ont été adressés le 15 juillet à l'administration supérieure, avec un rapport à l'appui.

Les dessins des planches nos X et XI donnent l'indication des dispositions de détails de l'estacade en charpenterie de la vallée de la Marne.

Cette estacade, d'une longueur totale de 588 mètres entre les culées, ou de 601m,20 entre les extrémités du couronnement des culées, est composée de 98 travées de 6 mètres d'ouverture chacune d'axe en axe, et en conséquence de 97 fermes.

Les fermes sont composées elles-mêmes de quatre montants reposant sur une semelle engagée dans un massif de maçonnerie ; ces poteaux sont reliés par deux cours de moises, l'un à leur extrémité supérieure, et l'autre dans le milieu de leur hauteur environ. Les poteaux du milieu, qui doivent supporter la voie de fer, sont contrebutés par des pièces de bois en moises formant chevalet, dont les pieds sont aussi engagés dans la semelle inférieure à ses deux extrémités.

Deux longrines portant sur la tête des poteaux montants extérieurs de chaque ferme règnent dans toute la longueur de l'estacade ; elles sont consolidées par des contre-fiches qui viennent buter sur les poteaux montants des fermes.

Des contre-fiches semblables s'arc-boutant sur les poteaux montants du milieu, et dont les extrémités inférieures et supérieures sont engagées dans des sabots en fonte, supportent *une âme*, qui est engagée dans des longrines longitudinales et forment avec elle et ses contre-fiches une poutre armée, qui porte les longrines longitudinales sur lesquelles sont fixées les voies de fer.

Toutes les fermes sont consolidées, en outre, par des cours de moises qui relient ensemble tous les poteaux montants dans le sens longitudinal et qui en forment les contreventements nécessaires.

Un plancher en madriers jointifs repose sur les longrines extrêmes et sur les moises supérieures des poteaux du milieu ; il est recouvert de ballast contenu entre les longrines supportant les rails et des garde-grève doubles fixés sur ce plancher, à l'aplomb des longrines extrêmes.

Des garde-corps en croisillons très-simples sont engagés eux-mêmes dans les garde-grèves. Ces garde-corps sont disposés de manière à laisser sur chaque rive, en dehors des rails, un accotement de 1$^m$,35.

Il n'est pas nécessaire de faire observer que toutes les moises sont reliées par de forts boulons aux pièces de bois qu'elles doivent relier et consolider.

Il était important d'avoir des dimensions égales pour toutes les pièces devant composer les quatre-vingt-dix-sept fermes, attendu qu'elles devaient être établies à Chaumont ; c'était aussi le moyen d'employer à leur confection le plus grand nombre de charpentiers possible. Il a été établi, à cet effet, des massifs en maçonnerie arrasés à un niveau tel, que toutes les fermes ont pu avoir une hauteur uniforme de 4$^m$,15 du dessus des rails au-dessous des semelles en bois.

La cote des rails étant de 84$^m$,60, les massifs en maçonnerie ont été arrasés à la cote de 80$^m$,45 ; les plus hautes eaux d'inondation observées n'ayant atteint que la cote 80$^m$,60, on peut en con-

clure facilement que l'estacade de la vallée de la Marne ne doit apporter aucun trouble dans le régime d'écoulement des eaux d'inondation
de cette rivière.

Ces massifs de maçonnerie pourront être prolongés plus tard, si
l'on veut substituer aux travées de l'estacade en charpenterie des
arches en maçonnerie de 16 mètres d'ouverture, d'axe en axe.

Nous terminerons cette description succincte des détails de construction de l'estacade de la vallée de la Marne, en faisant observer que les poteaux montants, les semelles, les contre-fiches, avec
les pièces horizontales formant armature sous les voies, sont en bois
de chêne, et que toutes les autres pièces de bois sont en sapin. Toutes
les surfaces visibles de ces bois ont été enduites d'une couche de gou-
dron de gaz.

Le pont sur la Marne, d'une longueur totale de 66 mètres entre les
culées, est composé de dix travées établies dans le même système que
l'estacade de la vallée de la Marne, pour la partie supérieure du
moins. (Planches III, IV, V et VI.)

La longueur des travées, d'axe en axe, a été portée toutefois à 6$^m$,50
au lieu de 6 mètres, pour laisser entre les fermes un espace suffisant
pour le passage des bateaux ou trains pouvant naviguer dans l'ancien lit de cette rivière.

Des massifs de maçonnerie ne constituent pas la base des fermes
comme dans l'estacade de la vallée ; cette base est formée par une
pallée de pieux au nombre de huit, espacés de 1$^m$,10 d'axe en axe, reliés entre eux par un cours de moises transversales et recepés à un
niveau tel, que le dessus de ces moises se trouve uniformément, pour
chaque ferme, à 5$^m$,80 en contre-bas du dessus des longrines supportant le tablier du pont.

Les poteaux montants des fermes sont reliés aux pieux par des
assemblages en charpenterie placés au-dessus et au-dessous des moises
reliant les piles. (Planche V.)

Le contreventement des fermes a été augmenté convenablement, en établissant des croix de Saint-André en moise, d'une part entre les quatre poteaux montants, du cours de moises formant l'assemblage des pieux au cours de moises intermédiaires reliant les poteaux montants, et, d'autre part entre les poteaux montants du milieu, du cours de moises intermédiaires au cours de moises supérieures.

Il a été établi, enfin, des brise-glaces en avant des palées de pieux de chacune des neuf fermes et des enrochements au pourtour, pour les envelopper et les mettre à l'abri de tout choc.

On a vu que l'ouverture de chaque travée avait été portée à 6ᵐ,50, d'axe en axe, pour laisser une ouverture libre de 6ᵐ,10, qui avait paru nécessaire d'abord pour assurer les mouvements des bateaux et trains dans cette partie de l'ancien lit de la Marne, mouvements qui, pour les bateaux, ne peuvent être du reste qu'exceptionnels.

Des réclamations ont été faites plus tard sur l'exiguïté de cette ouverture, en se fondant sur des décisions anciennes de l'administration supérieure, qui avaient stipulé que les anciens bateaux de la Marne auraient encore la faculté de remonter jusqu'à Châlons, et la Compagnie a dû faire apporter ultérieurement une modification importante dans les dispositions dudit pont. Cette modification a consisté à y établir une arche marine de 10 mètres d'ouverture, en supprimant à cet effet deux des fermes primitivement construites, et en en formant deux autres à côté, de telle sorte que l'ouverture des travées attenantes à cette arche marine a été réduite à 4ᵐ,75.

Cette opération s'est faite, pour ainsi dire, sans apporter d'obstacles à la marche des trains sur l'embranchement; elle n'a occasionné qu'une interruption de quelques heures pour faire les raccordements nécessaires et substituer un nouveau tablier à l'ancien dans l'emplacement de ces trois travées.

La nécessité de traverser en biais le canal latéral à la Marne n'a pas permis d'admettre, pour le pont à établir sur ce canal, le même

6

système de charpenterie que celui suivi pour l'estacade de la vallée et pour le viaduc de la Marne ; force a été d'appliquer le système de pont américain.

On avait eu la pensée, d'abord, d'établir une palée au milieu du lit et deux palées dans les berges, en formant ainsi un pont de quatre travées; mais on a bientôt reconnu qu'il était préférable de se borner à trois travées et de n'avoir alors que deux fermes au pied des berges, de manière à laisser complétement libre le milieu du canal.

Cette combinaison était d'autant plus rationnelle qu'il n'a été apporté pendant la construction aucun obstacle aux mouvements de la navigation, et que le battage des pieux, constituant la base des deux fermes, s'est opéré avec la plus grande facilité, les sonnettes ayant pu être établies sur le chemin de halage.

Le pont biais sur le canal latéral, d'une longueur totale de 36<sup>m</sup>,88 entre les culées, est donc composé de trois travées, l'une de 13<sup>m</sup>,14 d'ouverture libre (11<sup>m</sup>,38 d'axe en axe, normalement aux fermes), et les deux autres de 11<sup>m</sup>,87 d'ouverture libre (10<sup>m</sup>,43 d'axe en axe, comme dessus).

Les dessins des planches n<sup>os</sup> VII, VIII et IX donnent, sur les dispositions d'ensemble et de détails de la construction, des indications suffisantes pour qu'il ne soit pas nécessaire d'entrer dans de plus amples développements à ce sujet.

Nous nous bornerons à faire observer qu'il a été ajouté aux poutres américaines formant garde-corps de fortes armatures en fer, que les dessins ne reproduisent peut-être pas avec assez de détails.

Nous étions d'autant plus certain d'obtenir une rigidité convenable au moyen de ces dispositions, qu'elles se rapportaient assez avec celles adoptées pour un pont construit dans le même système pour le passage de machines locomotives, avec une portée de 15 mètres.

Nous n'avons pas besoin de faire observer qu'il a été construit des culées en maçonnerie aux extrémités de l'estacade de la Marne, du viaduc sur cette rivière et du pont sur le canal latéral, pour pouvoir augmenter la rigidité des charpenteries au moyen d'amarrages dont les dessins donnent les dispositions de détails. (Planches nᵒˢ VI, VII et X.)

Les dessins indiquent suffisamment encore que les voies de fer ont été établies avec des bridge-rails posés sur longrines sur ces trois ouvrages d'art, et l'on peut même dire, depuis l'extrémité sud de l'estacade de la vallée de la Marne jusqu'au delà du pont sur le canal latéral.

Les estacades dans la vallée de la Vesle et dans le vallon du ruisseau du Cheneux ont été exécutées aussi dans le même système de charpenterie que l'estacade de la vallée de la Marne, combiné avec le système suivi pour la base du viaduc sur cette rivière. (Planche nᵒ XIII.)

Il a été établi, en effet, pour former la base des fermes, au lieu de massif en maçonnerie, des palées de pieux au nombre de six, qui ont été battus à refus sur le terrain solide, avec des fiches de 7 mètres en moyenne, et qui ont été recepés de manière à laisser, entre le dessus de ces pieux et le dessus des longrines ou moises couronnant les poteaux montants des fermes, une hauteur de 3ᵐ,80.

Ces pieux ont été reliés en tête par un cours de moises transversales, et l'emmanchement des poteaux montants sur cette palée de pieux s'est opéré comme aux fermes du viaduc sur la Marne.

Au-dessus de cette base, les fermes des estacades des vallées de la Vesle et du Cheneux sont exactement les mêmes que celles de l'estacade de la vallée de la Marne, de sorte qu'on a pu ainsi les établir à Chaumont et transporter à pied d'œuvre les charpenteries toutes disposées pour être mises au levage. C'était encore une condition nécessaire pour plus de célérité dans l'exécution.

L'estacade de la vallée de la Vesle à Bouy a une longueur de 106ᵐ,50 en couronnement ; elle est composée de 16 travées espacées de 6 mètres en 6 mètres, d'axe en axe ; la hauteur moyenne au-dessus du sol n'est que de 4 mètres.

La longueur en couronnement de l'estacade du vallon du Cheneux à Mourmelon-le-Petit est de 130<sup>m</sup>,50 ; elle est composée de 20 travées de 6 mètres d'ouverture entre les axes des fermes, comme les précédentes; la hauteur moyenne au-dessus du sol est de 4<sup>m</sup>,90.

Le sol supérieur de ces vallées était tellement mouvant et spongieux, qu'il a été nécessaire d'y engager des massifs de maçonnerie à pierre sèche en moellon de craie, d'une ferme à l'autre, pour donner à ces fermes toute la rigidité convenable.

A l'extrémité est de l'estacade du vallon du Cheneux, il a été accolé un pont par-dessus, pour maintenir la communication sur un chemin vicinal longeant la rive gauche de ce vallon. Ce pont fait partie, pour ainsi dire, de l'estacade, en ce sens qu'il est formé par la culée en maçonnerie qui le termine, et par la première ferme.

Le prix de revient de ces ouvrages d'art a été, savoir :

|  |  | FR. |
|---|---|---|
| Pour l'estacade de la vallée de la Marne. | . . . . | 175,533 » |
| Pour le viaduc sur cette rivière. | . . . . . . . . | 71,055 » |
| Pour le pont sur le canal latéral. | . . . . . . . | 61,055 » |
| Pour l'estacade de la vallée de la Vesle. | . . . . . | 52,210 » |
| Pour l'estacade du vallon du Cheneux. | . . . . . | 57,222 » |

De sorte que le prix de revient par mètre courant a été, savoir :

|  | FR. |
|---|---|
| Pour la première estacade. . . . . . . . . . . | 72,99 |
| Pour le viaduc sur la Marne. . . . . . . . . . | 244,68 |
| Pour le pont sur le canal. . . . . . . . . . . | 333,63 |
| Pour l'estacade de Bouy. . . . . . . . . . . | 122,56 |
| Pour l'estacade de Mourmelon. . . . . . . . . | 88,24 |

Le prix de revient par mètre courant a été plus élevé à l'estacade de Bouy (vallée de la Vesle) qu'à l'estacade de Mourmelon (vallon du Cheneux), parce que le massif de craie formant le terrain solide s'y trouvait à une plus grande profondeur.

Le tableau ci-dessous donne l'indication des détails de dépenses pour chacun de ces cinq ouvrages d'art.

| INDICATION DES OUVRAGES. | Quantités. | Prix. | PRODUITS | |
|---|---|---|---|---|
| | | | Partiels. | Totaux par ouvrage. |

**Estacade de la vallée de la Marne.**

| INDICATION DES OUVRAGES. | Quantités. | Prix. | Partiels. | Totaux par ouvrage. |
|---|---|---|---|---|
| | m. | fr. | fr. | fr. |
| Mètres cubes de déblais pour les fondations. | 1,623,40 | 1,50 | 2,435,10 | |
| Mètres cubes de béton en gravier et mortier de chaux hydraulique. . . . . . . . | 559,84 | 26,50 | 14,835,76 | |
| Mètres cubes de maçonnerie en pierre de taille. . . . . . . . . . . . . . . . . | 6,02 | 80,00 | 481,60 | |
| Mètres cubes de maçonnerie en moellons piqués et mortier hydraulique. . . . . . | 130,33 | 35,00 | 4,561,55 | |
| Mètres cubes de maçonnerie en moellons bruts et mortier hydraulique. . . . . | 76,68 | 25,00 | 1,917,00 | |
| Mètres superficiels de parements vus de pierre de taille. . . . . . . . . . . . | 30,38 | 10,00 | 303,80 | |
| Mètres superficiels de parements vus de moellons. . . . . . . . . . . . . . . . | 372,37 | 6,00 | 2,234,22 | |
| Mètres superficiels de rejointoiement de pierre de taille. . . . . . . . . . . . | 30,38 | 0,35 | 10,63 | |
| Mètres superficiels de rejointoiement de moellons piqués. . . . . . . . . . . . | 372,37 | 0,70 | 260,66 | |
| Mètre cube de mortier pour chape. . . . | 0,71 | 19,95 | 14,16 | |
| Mètres superficiels de mise en couche de chape. . . . . . . . . . . . . . . . . | 14,19 | 2,00 | 28,38 | |
| Mètres cubes de bois de chêne refait et assemblé. . . . . . . . . . . . . . . . | 157,27 | 110,00 | 17,299,70 | |
| Mètres cubes de bois de chêne pour pieux. | 3,63 | 75,00 | 272,25 | |
| Battage de pieux. . . . . . . . . . . . | 8,00 | 70,00 | 560,00 | |
| Mètres cubes de bois de sapin assemblé.. . | 693,50 | 85,00 | 58,947,50 | |
| Mètres superficiels de plancher en sapin de 0,08. . . . . . . . . . . . . . | 2,337,50 | 8,00 | 18,700,00 | |
| Mètres linéaires de garde-corps en bois de sapin. . . . . . . . . . . . . . . . | 1,200,00 | 6,00 | 7,200,00 | |
| Mètres superficiels de goudronnage en deux couches. . . . . . . . . . . . . . | 16,333,84 | 0,80 | 13,067,07 | |
| Mètres superficiels de peinture à l'huile. . | 2,465,12 | 1,00 | 2,465.12 | |
| Kilogrammes de fer pour boulons. . . . . | 27,378,66 | 0,85 | 23,271,86 | |
| Nombre de tire-fonds pour la pose de bridge-rails. . . . . . . . . . . . . . . . | 1,414,00 | 0,80 | 1,131,20 | |
| Nombre de rondelles pour boulons. . . . | 18,000,00 | 0,12 | 2,160,00 | |
| Nombre de vis à bois pour fixer la tôle. . | 432,00 | 0,30 | 129,60 | |
| Nombre de grosses vis pour fixer les poteaux. | 218,00 | 0,60 | 130.80 | |
| Kilogrammes de fonte pour mise en place. | 34,202,00 | 0,05 | 1,710,10 | |
| Kilogrammes de plomb pour soudure. . . | 25,00 | 1,00 | 25,00 | |
| Mètres superficiels de règlement de talus et semis. . . . . . . . . . . . . . . | 12,000,00 | 0,05 | 600,00 | |
| A ajouter pour fournitures et dépenses diverses. . . . . . . . . . . . . . . | » » | » » | 779,94 | |
| | | | fr. | fr. |
| TOTAL. . . | . . . . . | . . . . | 175,533,00 | 175,533,00 |
| | | | | fr. |
| A reporter. . . | . . . . . | . . . . | . . . . . | 175,533,00 |

| INDICATION DES OUVRAGES. | Quantités. | Prix. | PRODUITS | |
|---|---|---|---|---|
| | | | Partiels. | Totaux par ouvrage. |
| | | | | fr. |
| *Report.* . . | . . . . . | . . . . | . . . . . | 175,533,00 |
| **Pont sur la Marne.** | | | | |
| | m. | fr. | fr. | |
| Mètres cubes de déblais pour fondations. | 2,187,35 | 1,50 | 3,281,02 | |
| Mètres cubes de béton en gravier et chaux hydraulique. . . . . . . . . . . . | 75,10 | 26,50 | 1,990,15 | |
| Mètres cubes de maçonnerie en pierre de taille et mortier de chaux hydraulique. | 4,97 | 80,00 | 397,60 | |
| Mètres cubes de maçonnerie de moellons piqués et mortier de chaux hydraulique. | 19,06 | 35,00 | 667,10 | |
| Mètres cubes de maçonnerie en moellons bruts et mortier de chaux hydraulique. . . . . . | 61,66 | 25,00 | 1,541,50 | |
| Mètre cube de mortier de chape. . . . . . | 0,75 | 19,95 | 14,96 | |
| Mètres superficiels de mise en couche de chape. . . . . . . . . . . . . . . | 15,02 | 2,00 | 30,04 | |
| Mètres superficiels de parements vus de pierre de taille. . . . . . . . . . . | 24,87 | 10,00 | 248,70 | |
| Mètres superficiels de parements vus de moellons. . . . . . . . . . . . . | 54,45 | 6,00 | 326,70 | |
| Mètres superficiels de rejointoiement sur pierre de taille. . . . . . . . . . . | 24,87 | 0,35 | 8,70 | |
| Mètres superficiels de rejointoiement sur moellons piqués. . . . . . . . . | 54,45 | 0,70 | 38,11 | |
| Mètres cubes de bois de chêne pour pieux. | 85,29 | 75,00 | 6,396,75 | |
| Battage de pieux. . . . . . . . . . . | 122,00 | 70,00 | 8,540,00 | |
| Mètres cubes de bois de chêne refait et assemblé. . . . . . . . . . . . . | 64,38 | 110,00 | 7,081,80 | |
| Mètres cubes de bois de sapin assemblé. . | 59,93 | 85,00 | 5,094,05 | |
| Mètres linéaires de garde-corps en sapin. | 146,90 | 6,00 | 881,40 | |
| Mètres superficiels de planchers en chêne. | 292,68 | 8,00 | 2,341,44 | |
| Kilogrammes de fer pour boulons. . . . . | 7,206,28 | 0,85 | 6,125,34 | |
| Kilogrammes de plomb pour soudure. . . . | 20,00 | 1,00 | 20,00 | |
| Kilogrammes de fonte pour mise en œuvre. | 3,490,00 | 0,05 | 174,50 | |
| Nombre de grosses vis à tête carrée. . . . | 32,00 | 0,60 | 19,20 | |
| Nombre de vis à bois pour fixer la tôle. . . | 64,00 | 0,40 | 25,60 | |
| Nombre de tire-fonds pour fixer les bridge-rails. . . . . . . . . . . . . . . | 168,00 | 0,80 | 134,40 | |
| Nombre de rondelles de boulons. . . . . . | 4,000,00 | 0,12 | 480,00 | |
| Mètres superficiels de goudronnage sur bois. | 3,028,50 | 0,80 | 2,422,80 | |
| Mètres superficiels de peinture à l'huile. . . | 304,86 | 1,00 | 304,86 | |
| Mètres cubes d'enrochement. . . . . . . | 1,150,00 | 8,00 | 9,200,00 | |
| Mètres superficiels de règlement de talus et semis. . . . . . . . . . . . . . | 1,200,00 | 0,05 | 60,00 | |
| Etablissement d'une passerelle fixe, location de batelets et frais d'échafaudage, par mètre courant. . . . . . . . . . . . | 80,00 | 60,00 | 4,800,00 | |
| A ajouter pour fournitures et dépenses diverses. . . . . . . . . . . . . . | » » | » » | 8,308,28 | |
| | | | fr. | fr. |
| Total. . . | . . . . . | . . . . | 71,055,00 | 71,055,00 |
| | | | | fr. |
| *A reporter.* . . | . . . . . | . . . | . . . . . | 246,588,00 |

| INDICATION DES OUVRAGES. | Quantités. | Prix. | PRODUITS | |
|---|---|---|---|---|
| | | | Partiels. | Totaux par ouvrage. |
| | | | | fr. |
| *Report*. . . | . . . . | . . . | . . . . . | 246,588,00 |
| **Pont américain sur le canal.** | | | | |
| Mètres cubes de déblais pour fouille et charge, transport à deux relais à 4 mètres de hauteur et régalage. . . . . . . . . . | m. 780,77 | fr. 1,50 | fr. 1,171,15 | |
| Mètres cubes de béton en gravier et mortier de chaux hydraulique. . . . . . . . . . | 171,63 | 26,50 | 4,548,19 | |
| Mètres cubes de maçonnerie de pierre de taille et mortier hydraulique. . . . . . . | 7,17 | 80,00 | 573,60 | |
| Mètres cubes de maçonnerie en moellons piqués et mortier hydraulique. . . . . . | 19,18 | 35,00 | 671,30 | |
| Mètres cubes de maçonnerie en moellons bruts et mortier hydraulique. . . . . . | 121,14 | 25,00 | 3,028,50 | |
| Mètres superficiels de parements vus de pierre de taille. . . . . . . . . . . . | 37,00 | 10,00 | 370,00 | |
| Mètres superficiels de parements vus de moellons. . . . . . . . . . . . . . . . | 54,80 | 6,00 | 328,80 | |
| Battage de pieux. . . . . . . . . . . . | 24,00 | 70,00 | 1,680,00 | |
| Mètres cubes de bois de chêne refait et assemblé. . . . . . . . . . . . . . . | 43,20 | 110,00 | 4,752,00 | |
| Mètres cubes de bois de sapin assemblé. . | 90,61 | 85,00 | 7,701,85 | |
| Mètres superficiels de plancher en chêne. . | 178,30 | 8,00 | 1,426,40 | |
| Kilogrammes de fer pour boulons. . . . . | 12,497,89 | 0,85 | 10,623,21 | |
| Kilogrammes de fonte pour mise en œuvre. | 4,522,00 | 0,05 | 226,10 | |
| Kilogrammes de plomb pour soudure. . . . | 265,00 | 1,00 | 265.00 | |
| Nombre de tire-fonds pour bridge-rails. . . | 98,00 | 0,80 | 78,40 | |
| Nombre de rondelles pour boulons. . . . . | 5,000,00 | 0,12 | 600,00 | |
| Mètres superficiels de rejointoiement sur pierre de taille. . . . . . . . . . . . | 37,00 | 0,35 | 12,95 | |
| Mètres superficiels de rejointoiement sur moellons piqués. . . . . . . . . . . | 54,80 | 0,70 | 38,36 | |
| Mètres superficiels de goudronnage sur bois. | 672,75 | 0,80 | 538,20 | |
| Mètres superficiels de peinture à l'huile. . | 1,264,05 | 1,00 | 1,264,05 | |
| Mètres superficiels de règlements de talus. . | 400,00 | 0,05 | 20,00 | |
| A ajouter, savoir : | | | | |
| 1° 50 p. 0/0 sur les travaux de charpente et de serrurerie pour tenir compte de la difficulté du travail. . . . . . . . . . | 26,674,56 | 0,50 | 13,337.28 | |
| 2° Pour fournitures et dépenses diverses. . | » » | » | 8,469,66 | |
| | | | fr. | fr. |
| TOTAL. . . | . . . . . | . . . . | 61,705,00 | 61,705,00 |
| **Estacade de Bouy.** | | | | |
| Mètres cubes de déblais pour fouille, charge et transport à deux relais à 4 mètres de hauteur et régalage. . . . . . . . . . | 1,237,46 | 0,78 | 965,22 | |
| | | | fr. | fr. |
| *A reporter*. . . | . . . . | . . . . | 965,22 | 308,293,00 |

| INDICATION DES OUVRAGES. | Quantités. | Prix. | PRODUITS | |
|---|---|---|---|---|
| | | | Partiels. | Totaux par ouvrage. |
| | | | fr. | fr. |
| Report. . . | . . . . . | . . . | 965,22 | 308,293,00 |
| | m. | fr. | | |
| Mètres cubes de béton en gravier et mortier de chaux hydraulique. . . . . . . . | 48,70 | 26,50 | 1,290,55 | |
| Mètres cubes de maçonnerie en moellons piqués et mortier de chaux hydraulique. | 7,29 | 35,00 | 255,15 | |
| Mètres cubes de maçonnerie en pierre de taille et mortier hydraulique. . . . . . | 2,74 | 80,00 | 219,20 | |
| Mètres cubes de maçonnerie en moellons bruts et mortier hydraulique. . . . . . . | 39,61 | 25,00 | 990,25 | |
| Mètres superficiels de parements vus de pierre de taille. . . . . . . . . . . . | 13,53 | 10,00 | 135,30 | |
| Mètres superficiels de parement vus de moellons. . . . . . . . . . . . . . . | 20,84 | 6,00 | 125,04 | |
| Mètres superficiels de rejointoiement sur moellons. . . . . . . . . . . . . . . | 34,37 | 0,70 | 24.06 | |
| Mètres cubes de bois de chêne pour pieux. | 53,22 | 75,00 | 3 991,50 | |
| Battage de pieux. . . . . . . . . . . . | 106,00 | 70,00 | 7,420,00 | |
| Mètres cubes de bois de chêne refait et assemblé. . . . . . . . . . . . . | 56,62 | 110,00 | 6,228,20 | |
| Mètres cubes de bois de sapin assemblé. . | 97,41 | 85,00 | 8,729,85 | |
| Mètres superficiels de plancher en chêne. . | 400,53 | 8,00 | 3,204,24 | |
| Mètres linéaires de garde-corps en bois. . . | 209,80 | 6,00 | 1,258,80 | |
| Kilogrammes de fer pour boulons. . . . . | 8,594,87 | 0,85 | 7,305,64 | |
| Kilogrammes de fonte pour mise en œuvre. | 6,109,00 | 0,05 | 305,45 | |
| Kilogrammes de plomb pour soudures. . . | 15,00 | 1,00 | 15,00 | |
| Nombre de tire-fonds pour bridge-rails. . . | 252.00 | 0,80 | 201,60 | |
| Nombre de grandes vis à bois. . . . . . | 68.00 | 0,60 | 40,80 | |
| Nombre de rondelles pour boulons. . . . . | 6,000,00 | 0,12 | 720,00 | |
| Mètres superficiels de goudronnage sur bois. | 3,404,03 | 0,80 | 2,723,22 | |
| Mètres superficiels de peinture à l'huile. . | 426,40 | 1,00 | 426,40 | |
| Etablissement d'une passerelle et d'un pont de service sur la Vesle (bois repris par l'entrepreneur). . . . . . . . . . . | 14,80 | 45,00 | 666,00 | |
| A ajouter pour fournitures et dépenses diverses. . . . . . . . . . . . . . . | » » | » » | 5,418,53 | |
| | | | fr. | fr. |
| TOTAUX . . . | . . . . . | . . . | 52,210,00 | 52,210,00 |
| **Estacade de Mourmelon.** | | | | |
| Mètres cubes de déblais pour fouille, charge et transport à deux relais, à 4 mètres de hauteur et régalage. . . . . . . . . | 1,465,40 | 1,50 | 2,198,10 | |
| Mètres cubes de béton en gravier et mortier de chaux hydraulique. . . . . . . . | 57,27 | 26,50 | 1,517,65 | |
| Mètres cubes de maçonnerie en moellons piqués et mortier hydraulique. . . . . | 10,65 | 35,00 | 372,75 | |
| | | | | fr. |
| A reporter. . . | . . . . . | . . . | . . . . . | 360,500,00 |

| INDICATION DES OUVRAGES. | Quantités. | Prix. | PRODUITS | |
|---|---|---|---|---|
| | | | Partiels. | Totaux par ouvrage. |
| | | | fr. | fr. |
| Report. . . | . . . . . | . . . . | 4,088,50 | 360,503,00 |
| | m. | fr. | | |
| Mètres cubes de maçonnerie en moellons bruts et mortier hydraulique. . . . . . . | 58,88 | 25,00 | 1,472,00 | |
| Mètres cubes de maçonnerie en pierre de taille et mortier hydraulique. . . . . . . | 3,40 | 80,00 | 272,00 | |
| Mètres superficiels de parements vus de pierre de taille. . . . . . . . . . . . . | 16,68 | 10,00 | 166,80 | |
| Mètres superficiels de parements vus de moellons. . . . . . . . . . . . . . . | 30,41 | 6,00 | 182,46 | |
| Mètres superficiels de rejointoiement sur pierre de taille. . . . . . . . . . . . . | 16,68 | 0,35 | 5,84 | |
| Mètres superficiels de rejointoiement sur moellons. . . . . . . . . . . . . . . | 30,41 | 0,70 | 21,29 | |
| Mètres cubes de bois de chêne pour pieux. | 55,17 | 75,00 | 4,137,75 | |
| Battage de pieux. . . . . . . . . . . . | 112,00 | 70,00 | 7,840,00 | |
| Mètres cubes de bois de chêne refait et assemblé. . . . . . . . . . . . . . . | 66,36 | 110,00 | 7,299,60 | |
| Mètres cubes de bois de sapin assemblé. . . | 105,16 | 85,00 | 8,938,60 | |
| Mètres linéaires de garde-corps en bois. . . | 224,80 | 6,00 | 1,348,80 | |
| Mètres superficiels de planchers en chêne. | 428,57 | 8,00 | 3,428,56 | |
| Kilogrammes de fer pour boulons. . . . . | 10,010,50 | 0,85 | 8,508,92 | |
| Kilogrammes de fonte pour mise en œuvre. | 6,282,00 | 0,05 | 314,10 | |
| Kilogrammes de plomb pour soudure. . . . | 15,00 | 1,00 | 15,00 | |
| Nombre de grandes vis à bois. . . . . . . | 166,00 | 0,60 | 99,60 | |
| Nombre de tire-fonds pour pose de bridgerails. . . . . . . . . . . . . . . . | 280,00 | 0,80 | 224,00 | |
| Nombre de rondelles pour boulons. . . . . | 6,600,00 | 0,12 | 792,00 | |
| Mètres superficiels de peinture à l'huile. . . | 438,36 | 1,00 | 438,36 | |
| Mètres superficiels de goudronnage sur bois. | 3,775,14 | 0,80 | 3,020,11 | |
| A ajouter pour fournitures et dépenses diverses. . . . . . . . . . . . . . . | » » | » » | 4,607,71 | |
| | | | fr. | fr. |
| TOTAL. . . | . . . . . | . . . . | 57,222,00 | 57,222,00 |
| | | | | fr. |
| TOTAL GÉNÉRAL. . . | . . . . . | . . . . | . . . . . . | 417,725,00 |

7

Les quantités de déblais et des maçonneries exécutés, et les bois, fer et fonte employés pour l'établissement de ces ouvrages d'art ont été comme suit, savoir :

| INDICATION DES OUVRAGES. | Déblais (cube). | Maçonneries (cube). | Bois (stère). | Fers (kilogramme). | Fontes (kilogr.) |
|---|---|---|---|---|---|
| | m. | m. | st. | k. | k. |
| Estacade de la vallée de la Marne. . . | 1,623,40 | 772 87 | 1,021,40 | 27,376,66 | 34 202 |
| Viaduc sur cette rivière. . . . . . . | 2,187,35 | 160,79 | 240,08 | 7,206,28 | 3,490 |
| Pont sur le canal. . . . . . . . . . | 780,77 | 319.12 | 148,04 | 12,497.89 | 4,522 |
| Estacade de la vallée de la Veslé à Bouy. | 1,237,40 | 98,34 | 237,62 | 8,594,07 | 6,049 |
| Estacade du vallon du Cheneux à Mourmelon. . . . . . . . . . . . . . . | 1,465.40 | 130,20 | 259,36 | 10,010,50 | 6,282 |
| | m. | m | st. | k. | k. |
| TOTAUX. . . | 7,294,32 | 1,481,32 | 1,906,50 | 65,686,20 | 54,515 |

Ainsi, du 12 juillet au 15 septembre, il avait été exécuté pour la construction des cinq ouvrages d'art ci-dessus indiqués :

7294 32 cubes de déblais;

1481 32 *id.* de maçonnerie;

et il avait été employé :

1906 50 stères de bois ;

65686 20 kilogrammes de fer;

et 54515 » *id.* de fonte moulée.

Le passage des machines locomotives n'a déterminé aucun effet de détérioration sur les estacades, viaduc et pont ci-dessus désignés, qui se sont maintenus depuis lors en bon état de conservation, sauf le remplacement de quelques pièces de bois, dont les assemblages étaient atteints de pourriture.

En outre de ces ouvrages d'art, il a été exécuté sur l'embranchement du camp de Châlons, savoir :

Un pont sous rails;

Un pont par-dessus;

Cinq aqueducs ;

et Vingt-trois passages à niveau.

Nous avons indiqué déjà que le pont sous rails avait été accolé à l'estacade de Mourmelon, ou, pour mieux dire, qu'il était formé par la première travée de cette estacade.

Le pont par-dessus établi dans la tranchée de Juvigny, pour maintenir la communication d'une rive à l'autre du chemin de fer par le chemin des Vignettes, n'a été exécuté qu'après la mise en exploitation de l'embranchement ; ce pont se trouve dans les conditions ordinaires des ponts en charpenterie, de sorte qu'il doit suffire de renvoyer aux dessins de la planche n° XII pour avoir l'indication de ses dispositions d'ensemble et de détails.

La construction des aqueducs en maçonnerie eût demandé trop de de temps, et, d'un autre côté, les travaux de terrassement auraient été entravés pendant leur exécution. Il a été beaucoup plus simple de poser, presque sur le sol même, des tuyaux en tôle, système Chameroy, de 50 centimètres de diamètre, et de les noyer aux deux extrémités de l'aqueduc dans des têtes en maçonnerie.

Les passages à niveau devant être établis d'une manière définitive, il était nécessaire d'apporter tout le soin possible dans leur construction ; on a admis, en conséquence, les types de barrières des passages à niveau de la ligne de Mulhouse, et on a chargé de leur exécution les entrepreneurs qui en avaient fourni récemment pour la première division de cette ligne.

Les planches n°s XV, XVI, XVII et XVIII donnent les indications des dispositions d'ensemble et de détails des types suivis pour l'établissement de ces passages à niveau, et des diverses pièces de charpenterie et de serrurerie qui en forment les barrières fixes et mobiles.

Les barrières des passages à niveau sont revenues, savoir :

1° Pour les passages à niveau formés de barrières de 4 mètres à un seul ventail avec les tourniquets en dépendant, par passage, à . . . . . . . . . . . . . .    880ᶠ,86

2° Pour les passages à niveau formés de barrières de 5 mètres à un seul ventail, avec les tourniquets en dépendant, par passage, à . . . .    940 ,10

3° Pour les passages à niveau formés de barrières de 6 mètres à deux ventaux, avec les tourniquets en dépendant, par passage, à. . . . 1215fr,32

4° Pour un passage à niveau formé de barrières roulantes de 11 mètres, à deux ventaux, avec les tourniquets en dépendant, par passage, à. . . . . . . . . . . . . . . . . . . . . . . . . . . . . . . 4190 ,40

La dépense totale pour les barrières et tourniquets de vingt-trois passages à niveau s'est élevée à. . . . . . . . . . . . . . . . . . . . 25,105 ,80

## Les tableaux ci-dessous donnent le détail de ces dépenses.

| INDICATION DES OUVRAGES. | Quantités. | Prix. | PRODUITS | |
|---|---|---|---|---|
| | | | Partiels. | Totaux. |
| **1° DIX PASSAGES A NIVEAU FORMÉS DE BARRIÈRES DE 4ᵐ A UN VENTAIL.** | | | | |
| DÉPENSES POUR UN VENTAIL ET ACCESSOIRES. | | | | |
| **Charpenterie.** | m. | fr. | fr. | |
| Mètre cube de bois de charpente en chêne pour semelles, contre-fiches, moises et buttoirs de 0,375.. | 0,375 | 125,00 | 46,87 | |
| Mètre cube de bois de charpente en chêne raboté pour poteaux, contre-fiches de 0,269. | 0,269 | 140,00 | 37,66 | |
| Façon de deux pointes de diamant. . . . . | » » | » » | 1,50 | |
| **Menuiserie.** | | | | |
| Traverses hautes et basses de 12 et 15 mètres, donnant ensemble. . . . . . . . . . . | 8,65 | 5,35 | 46,28 | |
| Poteaux, moises. . . . . . . . . . . . . . | 2,48 | 3,40 | 8,43 | |
| 4 décharges de 7 sur 7. . . . . . . . . . ; . | 5,60 | 1,85 | 10,36 | |
| 1 poteau de 10 sur 10, 4 parements, assemblé. | 1,45 | 2,45 | 3,55 | |
| 43 lames de 1ᵐ,44. . . . . . . . . . . . . | 61,92 | 0,60 | 37,15 | |
| 43 piques . . . . . . . . . . . . . . . . | 43.00 | 0,10 | 4,30 | |
| 8 coupes biaises. . . . . . . . . . . . . . | 8,00 | 0,10 | 0,80 | |
| **Tourniquet.** | | | | |
| Poteau d'arrêt de 11 sur 11, 4 parements, de 1ᵐ,95. . . . . . . . . . . . . . . | 1,95 | 4,30 | 8,38 | |
| Pointe de diamant dressée et rabotée. . . . | » » | » » | 0,75 | |
| Poteau de tourniquet de 10 sur 10, 4 parements, assemblé, de 1ᵐ,23 de longueur. . | 1,23 | 3,75 | 4,61 | |
| Poteau de battement de 6 sur 9, 4 parements, assemblé. . . . . . . . . . . . . . | 2,26 | 1,95 | 4,41 | |
| 4 entretoises de 4 sur 9, 4 parements. . . . | 3,40 | 1,40 | 4,76 | |
| 8 lames de 0,034 sur 0,075, 4 parements. . | 9,04 | 1,20 | 10,85 | |
| Plus-value pour 26 piquets replanis au rabot. | 26,00 | 0,10 | 2,60 | |
| *A reporter.* . . . . . . . . . . . . . . . | | | fr. 233,26 | |

| INDICATION DES OUVRAGES. | Quantités. | Prix. | PRODUITS | |
|---|---|---|---|---|
| | | | Partiels. | Totaux. |
| *Report.* . . | . . . . . | . . . . | fr.<br>233,26 | |
| **Goudronnage à une couche.** | | | | |
| Mètres superficiels de goudronnage de se-<br>melles, contre-fiches, pieds de poteaux,<br>donnant ensemble une surface de. . . . | m.<br>13,75 | fr.<br>0,70 | fr.<br>9,62 | |
| **Serrurerie.** | | | | |
| Fontes. . . . . . . . . . . . . . . . . . | k.<br>52,180 | 0,75 | 39,13 | |
| Fer. . . . . . . . . . . . . . . . . . | 106,235 | 1,30 | 138,10 | |
| Rondelles. . . . . . . . . . . . . . . | 1,020 | 1,30 | 1,32 | |
| Serrures. . . . . . . . . . . . . . . . | » » | » » | 7,00 | |
| Peinture . . . . . . . . . . . . . . . | » » | » » | 12,00 | |
| Total pour un côté. . . . . | . . . . . | . . . . | fr.<br>440,43 | |
| Dépense totale pour une barrière. . . . . | . . . . . | . . . . | fr.<br>880,86 | |
| Et pour dix passages. . . . . . . . . . . . | . . . . . | . . . . | . . . . . . | fr.<br>8,808,60 |

2° SIX PASSAGES A NIVEAU FORMÉS DE BARRIÈRES DE 5ᵐ A UN SEUL VENTAIL.

DÉPENSES POUR UN VENTAIL ET ACCESSOIRES.

| | | | | |
|---|---|---|---|---|
| **Charpente.** | | | | |
| Mètre cube de bois de charpente en chêne<br>pour moises, contre-fiches, semelles et<br>supports. . . . . . . . . . . . . . . | m.<br>0,347 | fr.<br>125,00 | fr.<br>43,38 | |
| Mètre cube de bois de charpente en chêne<br>raboté pour poteaux et contre-fiches. . . . | 0,254 | 140,00 | 35,56 | |
| Façon de deux pointes de diamant. . . . | » » | » » | 1,50 | |
| **Menuiserie.** | | | | |
| 4 traverses hautes et basses en chêne, à 4<br>parements, assemblées, de 10 sur 15, don-<br>nant ensemble 10ᵐ,72. . . . . . . . . | 10,72 | 4,80 | 51,46 | |
| 4 poteaux en chêne de 0,65 sur 16, à 4 pa-<br>rements, assemblés, de 1ᵐ,24, donnant<br>ensemble. . . . . . . . . . . . . . . | 4,96 | 3,40 | 16,86 | |
| 4 décharges de 6 sur 6, à 4 parements, as-<br>semblées, chacune de 1ᵐ,70. . . . . . | 6,80 | 1,85 | 12,58 | |
| 2 poteaux ensemble de 2ᵐ,90 de 8 sur 8, à<br>4 parements, assemblés. . . . . . . . | 2,90 | 2,10 | 6,09 | |
| 50 lames en chêne assemblées, de 2 sur 4, à<br>4 parements, chaque 1ᵐ,44. . . . . . . | 72,00 | 0,60 | 43,20 | |
| *A reporter.* . . | . . . . . | . . . . | fr.<br>210,63 | fr.<br>8,808,60 |

| INDICATION DES OUVRAGES. | Quantités. | Prix. | PRODUITS | |
|---|---|---|---|---|
| | | | Partiels. | Totaux. |
| | | | fr. | fr. |
| *Report.* . . | . . . . . | . . . . | 210,63 | 8,808,60 |
| Plus-value pour 50 piques dressées et ra- | m. | fr. | fr. | |
| botées. . . . . . . . . . . . . . . . . | 50,00 | 0,10 | 5,00 | |
| Plus-value pour 8 coupes biaises . . . . | 8,00 | 0,40 | 0,80 | |
| Fourniture, pose et ajustement d'une pièce | | | | |
| de support de verrou à 0,22 à 0,24 sur | | | | |
| 0,06, à 4 parements, assemblée. . . . . | » » | » » | 2,50 | |
| **Tourniquet.** | | | | |
| Poteau d'arrêt de 11 sur 11, 4 parements. . | 1,95 | 4,00 | 8,38 | |
| Pointe de diamant dressée, rabotée. . . . | » » | » » | 0,75 | |
| Poteau de tourniquet de 10 sur 10,4 pare- | | | | |
| ments, assemblé, de 1,23. . . . . . . . | 1,23 | 3,75 | 4,61 | |
| Poteau de battement de 6 sur 9,4 parements, | | | | |
| assemblé. . . . . . . . . . . . . . . . | 2,26 | 1,95 | 4,41 | |
| 4 entretoises de 4 sur 9, 4 parements. . . | 3,40 | 1,40 | 4,76 | |
| 8 lames de 0,034 sur 0,095, 4 parements. . | 9,04 | 1,20 | 10 85 | |
| Plus-value pour 6 piquets replanis au rabot. | 26,00 | 0,10 | 2,60 | |
| **Goudronnage à une couche.** | | | | |
| Mètres superficiels de goudronnage de se- | | | | |
| melles, contre-fiches, pieds de poteaux, | | | | |
| donnant ensemble une surface de. . . . | 12,48 | 0,70 | 8,74 | |
| **Serrurerie.** | k. | | | |
| Fontes. . . . . . . . . . . . . . . . . | 52,180 | 0,75 | 39,13 | |
| Fers. . . . . . . . . . . . . . . . . . | 112.635 | 1,30 | 1,40 | |
| Rondelle. . . . . . . . . . . . . . . . | 1,080 | 1,30 | 1,40 | |
| Serrure. . . . . . . . . . . . . . . . | » » | » » | 7,00 | |
| Peinture. . . . . . . . . . . . . . . . | » » | » » | 12,00 | |
| | | | fr. | |
| Total pour un côté. . . . | . . . . . | . . . . | 170,05 | |
| | | | fr. | |
| Dépense totale pour une barrière. . . . . | . . . . | . . . | 340,10 | |
| Et pour neuf passages. . . . . . . . . | . . . . . | . . . . | . . . . . | 8,460,90 |

3° TROIS PASSAGES A NIVEAU FORMÉS DE BARRIÈRES A 6ᵐ A DEUX VENTAUX.

DÉPENSES POUR UN VENTAIL ET ACCESSOIRES.

| | | | | |
|---|---|---|---|---|
| **Charpente.** | | | | |
| Mètre cube de bois de chêne pour moises, | m. | fr. | fr. | |
| contre-fiches et supports. . . . . . . . | 0,347 | 125,00 | 43,38 | |
| | | | fr. | fr. |
| *A reporter.* . . | . . . . . | . . . . | 43,38 | 17,269,50 |

| INDICATION DES OUVRAGES. | Quantités. | Prix. | PRODUITS | |
|---|---|---|---|---|
| | | | Partiels. | Totaux. |
| | | | fr. | fr. |
| *Report.* . . | . . . . . | . . . . | 43,38 | 17,269,50 |
| Mètre cube de bois de charpente raboté pour poteaux et contre-fiches de 0,254. | m. 0,254 | fr. 140,00 | fr. 35,56 | |
| Façon de deux pointes de diamant. . . . . | » » | » » | 1,50 | |

**Menuiserie.**

| | | | | |
|---|---|---|---|---|
| Traverses hautes et basses de 10 sur 15. . | 12,72 | 4,86 | 61,66 | |
| 4 poteaux de 8 sur 16. . . . . . . . . | 4,96 | 3,40 | 16,86 | |
| 6 décharges de 6 sur 6. . . . . . . . . | 9,00 | 1,85 | 16,65 | |
| Les poteaux 8 sur 8. . . . . . . . . . | 2,90 | 2,10 | 6,09 | |
| 58 lames, chacune de 1m,44. . . . . . . | 83,52 | 0,60 | 50,11 | |
| 58 piques. . . . . . . . . . . . . . | 58 » | 0,10 | 5,80 | |
| 12 coupes biaises. . . . . . . . . . . | 12 » | 0,10 | 1,20 | |
| 1 pièce de support. . . . . . . . . . | » » | » » | 2,50 | |

**Tourniquet.**

| | | | | |
|---|---|---|---|---|
| Poteau de 11 sur 11, 4 parements. . . . | 1,95 | 4,30 | 8,38 | |
| Pointe de diamant dressée. . . . . . . | » » | » » | 0,75 | |
| Poteau de tourniquet 10 sur 10,4 parements, assemblé. . . . . . . . . . . . . | 1,20 | 3,75 | 4,61 | |
| Poteau de battement, parements, assemblé. | 2,26 | 1,95 | 4,41 | |
| 4 entretoises de 4 sur 9,4 parements. . . | 3,40 | 1,40 | 4,76 | |
| 8 lames de 0,034 sur 0,075 4 parements. | 9,01 | 1,20 | 10,85 | |
| Plus-value pour 26 piques replanies au rabot. | 26,00 | 0,10 | 2,60 | |

**Goudronnage à une couche.**

| | | | | |
|---|---|---|---|---|
| Mètres superficiels de goudronnage de semelles, contre-fiches de poteaux, donnant ensemble une surface de. . . . . . . . | 12,48 | 0,70 | 8,74 | |

**Serrurerie.**

| | | | | |
|---|---|---|---|---|
| Fontes. . . . . . . . . . . . . . . | k. 112,610 | 0,75 | 84,45 | |
| Fers . . . . . . . . . . . . . . . | 157,520 | 1.30 | 204,77 | |
| Rondelles. . . . . . . . . . . . . | 1,260 | 1,30 | 1,63 | |
| Serrure. . . . . . . . . . . . . . | » » | » » | 7,00 | |
| Peinture. . . . . . . . . . . . . . | » » | » » | 24,00 | |
| Dépense pour une des rives. . | . . . . . | . . . . | fr. 607,66 | |
| Dépense pour un passage à niveau. . | . . . . | . . . . . | fr. 1,215,32 | |
| Et pour les trois. . | . . . . . | . . . . . | | 3.645,96 |
| *A reporter.* . . | . . . . | . . . . | | fr. 20,915,46 |

| INDICATION DES OUVRAGES. | Quantités. | Prix. | PRODUITS | |
|---|---|---|---|---|
| | | | Partiels. | Totaux. |
| Report. . . | . . . . | . . . . | . . . . . | fr. 20,915,46 |

4° UN PASSAGE A NIVEAU COMPOSÉ D'UNE BARRIÈRE ROULANTE DE 11ᵐ SUR CHAQUE RIVE.

DÉPENSES POUR UN DES CÔTÉS DU PASSAGE.

**Charpente.**

| | m. | fr. | fr. |
|---|---|---|---|
| Mètre cube de bois de charpente en chêne pour longrines, traverses, semelles, moises et contre-fiches. . . . . . . . . . | 2,316 | 125,00 | 289,50 |
| Mètre cube de bois de charpente en chêne raboté pour poteaux, buttoirs, contre-fiches. | 0,906 | 140,00 | 126,84 |
| Façon de onze pointes de diamant. . . . . | 11,00 | 0,75 | 8,25 |

**Menuiserie.**

| | | | |
|---|---|---|---|
| Deux cours d'entretoises hautes et basses assemblées et chevillées, à 4 parements . . . . . . . . . . . . . . . | 24,15 | 1,85 | 44,68 |
| 85 barreaux en chêne rabotés, 4 parements, de 2 sur 4, assemblés, ensemble. . . . . | 131,75 | 0,60 | 79,05 |
| Plus-value de 85 piques dressées au rabot. | 85,00 | 0,10 | 8,50 |

**Partie roulante.**

| | | | |
|---|---|---|---|
| Traverses hautes et basses en sapin, 4 parements, assemblées, 8 sur 15. . . . . | 22,65 | 2,60 | 58,89 |
| 4 poteaux en chêne assemblés, 4 parements, 8 sur 15, chacun de 1ᵐ,30. . . . . . . | 5,20 | 3,15 | 16,38 |
| 2 entretoises et 4 décharges assemblées, 4 parements, de 5 sur 7. . . . . . . . . . | 3,80 | 1,50 | 5,70 |
| 8 décharges en chêne 7 sur 7, assemblées, 4 parements. | 11,00 | 1,85 | 20,35 |
| Les barreaux en chêne assemblés, de 2 sur 4, à 4 parements. . . . . . . . . . . . . | 116,00 | 0,60 | 69,60 |
| Plus-value pour 24 coupes biaises. . . . . | 24,00 | 0,10 | 2,40 |
| Plus-value pour 98 entailles d'assemblage de lames. . . . . . . . . . . . . . . . | 198,00 | 0,10 | 19,80 |

**Goudronnage à une couche.**

| | | | |
|---|---|---|---|
| Mètres superficiels de goudronnage à une couche sur contre-fiches, moises, pieds de poteaux. . . . . . . . . . . . . . . | 62,97 | 0,70 | 44,08 |

**Serrurerie.**

| | k. | | |
|---|---|---|---|
| Fontes. . . . . . . . . . . . . . . | 170,000 | 0,75 | 127,50 |
| Fers. . . . . . . . . . . . . . . . | 868,590 | 1,30 | 1,129,16 |
| Rondelles. . . . . . . . . . . . . . | 3,480 | 1,30 | 4,52 |
| Peinture. . . . . . . . . . . . . . | » » | » » | 40,00 |
| Dépense pour un des côtés. . . | . . . . | . . . . | fr. 2,095,90 | |
| Dépense pour le passage à niveau. . | . . . . | . . . . | fr. 4,190,40 | fr. 4,190,40 |
| DÉPENSE TOTALE. . . | | . . . . . | fr. 25,105,80 |

Le pont en charpenterie pour la traversée de la tranchée de Juvigny par le chemin des Vignettes n'a coûté que 5,000 francs, conformément aux détails ci-dessous :

| INDICATION DES OUVRAGES. | Quantités. | Prix. | PRODUITS | |
|---|---|---|---|---|
| | | | Partiels. | Totaux. |
| Bois de sapin neuf refait et assemblé, pour les pièces de pont, etc. . . . . . . . . . | m°. 27,644 | fr. 105,00 | fr. 2,902,62 | |
| Bois de sapin vieux provenant d'un ancien pont. . . . . . . . . . . . . . . . . | 9,759 | 56,00 | 546,50 | |
| Goudronnage. . . . . . . . . . . . . . | m°. 583,76 | 0,70 | 408,63 | |
| Fourniture et pose de boulons. . . . . . | k. 329,50 | 1,10 | 362,45 | |
| Fourniture et pose de chevillettes. . . . | 56,00 | 1,10 | 61,60 | |
| Fourniture et pose de pointes. . . . . . . | 110,00 | 1,00 | 110,00 | |
| Dépenses diverses et prix de vieux bois. . . | » » | » » | 608,20 | |
| TOTAL ÉGAL. . . | . . . . . | . . . . | fr. 5,000,00 | fr. 5,000,00 |

Aux abords des ouvrages d'art, les dépendances du chemin de fer ont été séparées des propriétés riveraines par des clôtures ordinaires composées de treillages à la mécanique appliqués sur des pieux espacés de $1^m,30$ d'axe en axe.

Dans les autres parties de l'embranchement, on s'est borné à planter des pieux espacés comme dessus, et à établir à leur tête un cours de fil de fer galvanisé, de même diamètre que celui employé pour la ligne télégraphique.

# CHAPITRE V.

Les voies de fer ont été établies généralement dans le système ordinaire de rails à double champignon posés avec coussinets en fonte sur supports en bois.

Ce n'est, en effet, qu'exceptionnellement qu'on a employé, sur les estacades et sur les ponts en charpenterie, des bridge-rails posés sur longrines, dans le même système que sur la ligne de Blesmes à Saint-Dizier et Gray et avec le même modèle de rails.

Dans les parties de la ligne en rampe et en pente, dont la déclivité varie de 10 à 12 millimètres, on a employé des rails à double champignon, de mêmes formes et dimensions que ceux de la ligne de Paris à Strasbourg, dont le poids est de 37k,500 par mètre linéaire, et les supports ont été espacés moyennement de 1m,125 d'axe en axe.

Dans les autres parties de la ligne, on s'est servi de rails à double champignon du même modèle que ceux de la ligne de Strasbourg à Bâle, dont le poids n'est que de 30 kilogrammes par mètre ; les supports n'ont été espacés que de 0m,90 en moyenne d'axe en axe.

L'embranchement est à simple voie, mais il a été posé en outre, savoir :

1° Dans la gare de Mourmelon, deux autres voies principales avec les voies de garage nécessaires pour le service des voyageurs et des marchandises, et les voies de remisage conformément au plan de la planche n° XIV.

2° Et des doubles voies, savoir :

Sur la rive gauche de la vallée du Cheneux ;

Au sud de la route départementale près Bouy ;

Au nord de la route impériale de Châlons à Reims ;

Et au nord du chemin de grande communication de Saint-Martin à Récy.

L'ensemble de toutes ces voies présente un développement de 27,008ᵐ ; la longueur de l'embranchement n'étant que de 25,238ᵐ, il y aurait 1,770ᵐ de voies de garage et d'évitement, un quinzième environ de la longueur de la ligne.

L'établissement de ces voies de fer a déterminé l'emploi, savoir :

1° De 11,110 rails de diverses longueurs ;

2° De 61,880 coussinets ;

3° De 30,740 traverses ou supports en bois ;

Il a été posé en outre, savoir :

1° 12 changements de voie ;

2° 15 croisements ;

3° 3 plaques tournantes en fonte, de 6 mètres de diamètre ;

4° 10 plaques tournantes en fonte, de 4 mètres de diamètre.

5° 9 plaques tournantes en fonte, de 3ᵐ,50 de diamètre ;

Et il a été réparti sur la ligne 26 guérites de garde, avec leurs châssis et leurs barrières de garantie.

La mise en œuvre de tous ces objets du matériel fixe a eu lieu dans le délai de vingt jours au plus, puisqu'on n'a pu commencer la pose des voies qu'au fur et à mesure de l'achèvement des terrassements et de la première couche de ballast sur la plate-forme.

On avait dû préalablement aussi les faire transporter par voiture, de la gare de Châlons sur divers points de l'embranchement.

Nous n'aurions pas eu le temps nécessaire pour faire fabriquer spécialement ce matériel ; je l'ai fait prendre dans les divers dépôts
de la ligne de Strasbourg et de la ligne de Bâle, où il y avait alors des
approvisionnements excédant les besoins, et il a été expédié par trains
spéciaux de ces dépôts à la gare de Châlons.

Tous ces objets du matériel fixe ont formé le chargement de douze
cents waggons environ.

# CHAPITRE VI.

## STATIONS ET DÉPENDANCES.

Il n'avait été établi pour l'ouverture de l'exploitation de l'embranchement, le 15 septembre 1857, qu'une seule station, la station extrême de Mourmelon-le-Petit, sur la rive droite du ruisseau le Cheneux.

Les dessins de la planche n° XIV donnent les indications des dispositions d'ensemble et de détails de cette station.

Elle comporte, savoir :

1° Un bâtiment pour le service des voyageurs ;

2° Un bâtiment pour buffet ;

3° Deux pavillons aux extrémités des cours ;

4° Une halle de marchandises ;

5° Une remise pour machines et voitures ;

6° Deux pavillons de latrines ;

7° Et enfin quatre bureaux vitrés mobiles.

Le bâtiment pour le service des voyageurs et le bâtiment pour buffet ont chacun une longueur de 31 mètres, sur une largeur de 10m,40 ; ils sont composés de sept travées, dont trois au milieu surélevées d'un étage ; les quatre autres, deux à chaque extrémité, n'ont qu'un rez-de-chaussée.

A l'extrémité est de chacun de ces bâtiments, il a été réservé une travée ; celle du bâtiment buffet a été disposée pour recevoir l'Empereur lorsqu'il arrive au camp ou lorsqu'il en repart ; dans le bâtiment des voyageurs, la travée réservée sert aux administrateurs de la Compagnie qui accompagnent Sa Majesté.

Deux dessins à une plus grande échelle que celle du plan général de la Station (planche XIV) indiquent les distributions intérieures de ces bâtiments, ainsi que leur coupe transversale et leur élévation longitudinale.

Lors de la concession de l'embranchement du camp de Châlons, ces deux bâtiments servaient de bâtiments provisoires pour l'embarcadère des voyageurs, l'un à la gare de Meaux, et l'autre à la gare de Châlons.

Les bâtiments définitifs étant terminés, on a pu démonter ces bâtiments provisoires pour en faire transporter les matériaux à la gare de Mourmelon, et les faire remonter immédiatement dans les emplacements indiqués au plan général.

Il en est de même des pavillons, d'une longueur de 10m,50 sur une largeur de 5 mètres, établis aux extrémités des cours de service, qui servaient de bâtiments pour le service provisoire des voyageurs aux stations de Jalons-les-Vignes et de Oiry-Avise.

Les bâtiments pour la halle de marchandises et le remisage des machines et waggons, et les pavillons de lieux d'aisances ont été construits complétement à neuf, spécialement pour la gare de Mourmelon. Ces bâtiments ont été établis conformément aux types admis pour la ligne de Paris à Mulhouse.

On a établi aussi spécialement et d'une manière définitive les murs de quai de l'embarcadère des voyageurs, ceux de l'embarcadère des marchandises, toutes les barrières de clôture et de séparation de la station, des grues pour le chargement et le déchargement des marchandises, des grues hydrauliques avec un système de distribution d'eau pour le service des machines, et enfin les signaux manœuvrables à distance pour défendre la station, conformément aux règlements en vigueur.

Une cour d'honneur attenant aux pièces réservées, à l'extrémité du bâtiment du buffet, a été disposée pour le service de l'Empereur.

La plate-forme établie à l'extrémité de la station est spécialement destinée aussi à l'embarquement et au débarquement des équipages de Sa Majesté.

On a établi plus tard une station intermédiaire sur le territoire du village de la Veuve, près la route impériale de Reims à Châlons, où l'on avait déjà posé des voies de garage et d'évitement. On s'est borné à construire deux trottoirs et à élever sur l'un d'eux l'ancien bâtiment provisoire de l'embarcadère des voyageurs d'une des stations de la ligne de Paris à Strasbourg.

Les dépenses pour bâtiments et dépendances dans la station de Mourmelon se sont élevées à 160,000 francs, qui peuvent se subdiviser comme suit, savoir :

| INDICATION DES Ouvrages. | NATURE DES TRAVAUX. | Montant des dépenses | |
|---|---|---|---|
| | | partielles. | totales. |
| | | fr. | fr. |
| **Bâtiment de l'Embarcadère des voyageurs.** | 1° Terrassements et maçonneries. | 5,424,85 | |
| | 2° Travaux de charpenterie. | 1,258,08 | |
| | 3° — de serrurerie. | 838,02 | 24,772,46 |
| | 4° — de menuiserie. | 9,282,18 | |
| | 5° — de couverture. | 3,921,37 | |
| | 6° — de peinture et vitrerie. | 4,047,96 | |
| **Bâtiment du buffet.** | 1° Terrassements et maçonneries. | 6,803,19 | |
| | 2° Travaux de charpenterie. | 1,325,64 | |
| | 3° — de serrurerie. | 1,820,83 | 21,886,66 |
| | 4° — de menuiserie. | 7,405,79 | |
| | 5° — de couverture. | 623,05 | |
| | 6° — de peinture et vitrerie. | 3,908,16 | |
| **Pavillons à l'extrémité des cours.** | 1° Terrassements et maçonneries. | 868,92 | |
| | 2° Travaux de charpenterie. | 587,68 | |
| | 3° — de serrurerie. | 347,42 | 8,876,54 |
| | 4° — de menuiserie. | 4,200,66 | |
| | 5° — de couverture. | 973,14 | |
| | 6° — de peinture et vitrerie. | 1,898,72 | |
| **Bâtiment de remisage.** | 1° Terrassements et maçonneries. | 5,097,48 | |
| | 2° Travaux de charpenterie. | 8,136,22 | |
| | 3° — de serrurerie. | 2,294,26 | 36,722,97 |
| | 4° — de menuiserie. | 9,948,02 | |
| | 5° — de couverture. | 8,718,79 | |
| | 6° — de peinture et vitrerie. | 2,528,20 | |
| | | | fr. |
| | *A reporter...* | ...... | 92,258,63 |

| INDICATION DES Ouvrages. | NATURE DES TRAVAUX. | Montant des dépenses | |
|---|---|---|---|
| | | partielles. | totales. |
| | Report. . . | . . . . . | fr. 92,258,63 |
| Halle de marchandises. | 1° Terrassements et maçonneries. . . . . . | fr. 8,752,44 | |
| | 2° Travaux de charpenterie. . . . . . . . . | 6,217,50 | |
| | 3° — de serrurerie. . . . . . . . . | 1,878,70 | |
| | 4° — de menuiserie. . . . . . . . . | 4,319,29 | 28,161,30 |
| | 5° — de couverture. . . . . . . . . | 5,999,75 | |
| | 6° — de peinture et vitrerie. . . . . | 993,62 | |
| Pavillon de latrines | 1° Terrassements et maçonneries. . . . . . | 4,044,40 | |
| | 2° Travaux de charpenterie. . . . . . . . | 3,050,30 | |
| | 3° — de serrurerie. . . . . . . . | 961,82 | |
| | 4° — de menuiserie. . . . . . . . | 1,050,36 | 12,270,19 |
| | 5° — de couverture. . . . . . . . . | 2,165,83 | |
| | 6° — de peinture et vitrerie. . . . . | 777,14 | |
| | 7° — provisoires. . . . . . . . . . | 220,34 | |
| Quais & trottoirs de l'Embarcadère des voyageurs. | 1° Terrassements et maçonneries. . . . . . | 4,627,20 | 4,627,20 |
| | 2° Travaux de charpenterie et de serrurerie. | » » | |
| Quais de la Gare des marchandises. | 1° Terrassements, maçonneries, pavage. . | 2,373,38 | 7,102,15 |
| | 2° Travaux de charpenterie, serrurerie. . . | 3,728,77 | |
| Bureaux vitrés. | Deux bureaux vitrés, toutes dépenses comprises, ensemble. . . . . . . . . . . . | 1,200, » | 1,200, » |
| Supports de cuves. | Deux supports de cuves pour l'alimentation des machines. . . . . . . . . . . . . . | 1,450, » | 1,450, » |
| | TOTAL. . . . . . . . . | | fr. 147,069,47 |
| | A ajouter pour frais de transport et dépenses diverses. . . . . . . | . . . . . | 12,930,53 |
| | TOTAL GÉNÉRAL. . . . . . . . | | fr. 160,000,00 |

# CHAPITRE VII.

## DÉPENSES DE PREMIER ÉTABLISSEMENT.

Les dépenses de premier établissement de l'embranchement du camp de Châlons s'élevaient au 31 décembre 1862 à 3,286,491$^{fr.}$,16 subdivisés conformément aux indications du tableau ci-dessous :

| DÉSIGNATION DES Chapîtres. | INDICATION DES DÉPENSES PAR ARTICLE. | Montant des dépenses | |
|---|---|---|---|
| | | par article. | par chapitre. |
| | | fr. | |
| Personnel et frais d'étude. | 1° Appointements des ingénieurs chefs d'arrondissement, etc. . . . . . . . . . | 59,205,81 | |
| | 2° Appointements des agents temporaires, non commissionnés. . . . . . . . . . . | 13,767,53 | |
| | 3° Indemnités de déplacement et autres de voyage. . . . . . . . . . . . . . . | 13,969,10 | 104,107,59 |
| | 4° Frais d'étude et d'opérations sur le terrain, etc. . . . . . . . . . . . . . . | 17,112,45 | |
| | 5° Frais divers dans les hospices. . . . . . | 52,70 | |
| Frais généraux. | Loyers, fournitures, frais d'honoraires, frais de bureau, etc. . . . . . . . . . . . . . | 1,719,01 | 1,719,01 |
| Acquisitions de terrains et indemnités pour occupation temporaire. | 1° Acquisitions de terrain pour la plateforme, etc. . . . . . . . . . . . . . . . | 311,997,34 | |
| | 2° Acquisitions de terrains pour dépôts permanents, etc. . . . . . . . . . . . . . . | 1,932,35 | 325,859,06 |
| | 3° Indemnités pour les terrains occupés temporairement. . . . . . . . . . . . . | 150,50 | |
| | 4° Frais d'expertise, frais d'actes, etc. . . . | 11,778,87 | |
| Terrassements et ouvrages d'art. | 1° Terrassements à l'entreprise, y compris les perrés. . . . . . . . . . . . . . . . . . | 651,986,47 | |
| | 2° Ponts, aqueducs, pontceaux, etc. . . . . | 416,059,71 | |
| | 3° Souterrains. . . . . . . . . . . . . . | » | 1,214,622,01 |
| | 4° Travaux de rectification de chemins, etc. | 1,194,25 | |
| | 5° Travaux en régie relatifs aux terrassements et ouvrages d'art. . . . . . . . . | 145,381,58 | |
| Établissement des gares et stations. | 1° Bâtiments dans les stations, etc. . . . . | 118,235,51 | |
| | 2° Ateliers du matériel, dépôts, etc. . . . . | 32,583,00 | |
| | 3° Maisons de gardes, passages à niveau, etc. | 48,917,20 | |
| | 4° Fosses à piquer le feu, réservoirs, etc. . | 30,572,82 | |
| | | fr. | fr. |
| | A reporter. . . | 230,308,53 | 1,646,407,67 |

| DÉSIGNATION DES Chapitres. | INDICATION DES DÉPENSES PAR ARTICLE. | Montant par article. | Montant par chapitre. |
|---|---|---|---|
| | | fr. | fr. |
| | Report. . . | 230,328,53 | 1,646,407,67 |
| Suite de l'établissement des gares et stations. | 5° Etablissement du télégraphe électrique. | 5,463,20 | |
| | 6° Distributions et appareils pour l'éclairage au gaz. . . . . . . . . . . . . . . . | 82,50 | 238,821,98 |
| | 7° Grues hydrauliques, etc. . . . . . . . . | » » | |
| | 8° Grues de chargement, etc. . . . . . . . | 2,967,75 | |
| Etablissement des voies de fer. | 1° Traitements et frais de déplacement de receveurs de rails, etc.. . . . , . . . . . | » » | |
| | 2° Salaires des gardes-magasins, etc. . . . | » » | |
| | 3° Menus travaux dans les chantiers de dépôts. . . . . . . . . . . . . . . . . . | 3,766,44 | |
| | 4° Acquisition de matériel et outillage, etc. | 1,044,34 | 438,262,70 |
| | 5° Fourniture, extraction et emploi de ballast. . . . . . . . . . . . . . . . . . . . | 103,028,06 | |
| | 6° Pose de voie de fer, changement, croisement, etc. . . . . . . . . . . . . . . . | 231,635,24 | |
| | 7° Frais de transport. . . . . . . . . . . . | 92,692,81 | |
| Matériel fixe de la voie. | 1° Fourniture de rails. . . . . . . . . . . . | 405,533,38 | |
| | 2° — de coussinets. . . . . . . . | 97,664,25 | |
| | 3° — de chevillettes. . . . . . . . | 21,759,07 | |
| | 4° — d'éclisses et boulons. . . . | 1,131,01 | |
| | 5° — de crampons. . . . . . . . | 828,60 | |
| | 6° — de plaques. . . . . . . . . | » » | 890,129,46 |
| | 7° — de traverses. . . . . . . . . | 279,446,42 | |
| | 8° — de coins en bois. . . . . . . | 7,542,10 | |
| | 9° — de changement de voie. . . . | 36,085,04 | |
| | 10° — de plaques tournantes. . . . | 46,235,40 | |
| Constructions et dépenses diverses. | 1° Constructions provisoires, etc. . . . . . | 25,308,06 | |
| | 2° Outils et ustensiles de gardes-lignes. . . | 48,79 | 44,849,52 |
| | 3° Guérites et bureaux portatifs. . . . . . | 10,309,33 | |
| | 4° Mâts de signaux, poteaux kilométriques, etc. . . . . . . . . . . . . . . . . | 9,183,34 | |
| Clôtures, semis et plantations. | 1° Clôtures sèches, barrières, bornes, etc. . | 28,041,83 | |
| | 2° Haies vives. . . . . . . . . . . . . . . | 78,00 | 28,119,83 |
| | 3° Plantations diverses, etc. . . . . . . . | » » | |
| | | | fr. |
| | TOTAL ÉGAL. . . . . . . . . | | 3,286,491,16 |
| | Si l'on y ajoute, savoir : | | |
| | 1° Les pertes d'intérêts pendant la construction. . . . . . . . . . . . . . . . . . | . . . . . . | » » |
| | 2° La part afférente à l'embranchement dans les dépenses d'administration centrale. . | . . . . . . | 6,949,24 |
| | | | fr. |
| | On arrive au chiffre de. . . . . . . . . . . | . . . . . . | 3,293,440,40 |
| | Ou, en nombre rond, à. . . . . . . . . . . | . . . . . . | 3,300,000, » |

Le développement de l'embranchement étant de 25$^k$,238$^m$,80, le prix de revient par kilomètre est, savoir :

Non compris les pertes d'intérêts et les frais d'administration centrale. .  130,215 fr.
Et y compris ces pertes d'intérêts et frais d'administration. . . . . . . .  130,755

En considérant la subdivision des dépenses, on trouve qu'elles ont été par kilomètre, savoir :

1° Pour le personnel. . . . . . . . . . . . . . . . . . . . . . . . . . . . . . . . . .  4,125 fr.
2° Pour les frais généraux. . . . . . . . . . . . . . . . . . . . . . . . . . . .  68
3° Pour les acquisitions et indemnités de terrain. . . . . . . . . . . . .  12,911
4° Pour les terrassements et ouvrages d'art . . . . . . . : . . . . . . . .  48,126
5° Pour l'établissement des gares et stations et ouvrages accessoires. . .  9,502
6° Pour l'établissement des voies de fer, y compris le matériel fixe de la
   voie.. . . . . . . . . . . . . . . . . . . . . . . . . . . . . . . . . . . . . . . .  52,634
7° Pour les constructions et dépenses diverses . . . . . . . . . . . . . . . .  1,780
8° Et enfin pour les clôtures, semis et plantations.. . . . . . . . . . . : .  1,113

Ces prix de revient sont peu élevés; on peut donc en conclure que l'embranchement du camp de Châlons, tout en ayant été exécuté avec une rapidité dont on n'avait pas eu d'exemple jusqu'alors, a été établi, en même temps, dans les conditions les plus économiques.

L'exécution a suivi de si près la concession, que ce n'est que huit mois après la mise en exploitation de l'embranchement que l'assemblée générale des actionnaires a pu être appelée à confirmer les traités passés avec le gouvernement pour cet embranchement (*annexe* **XVI**).

FIN.

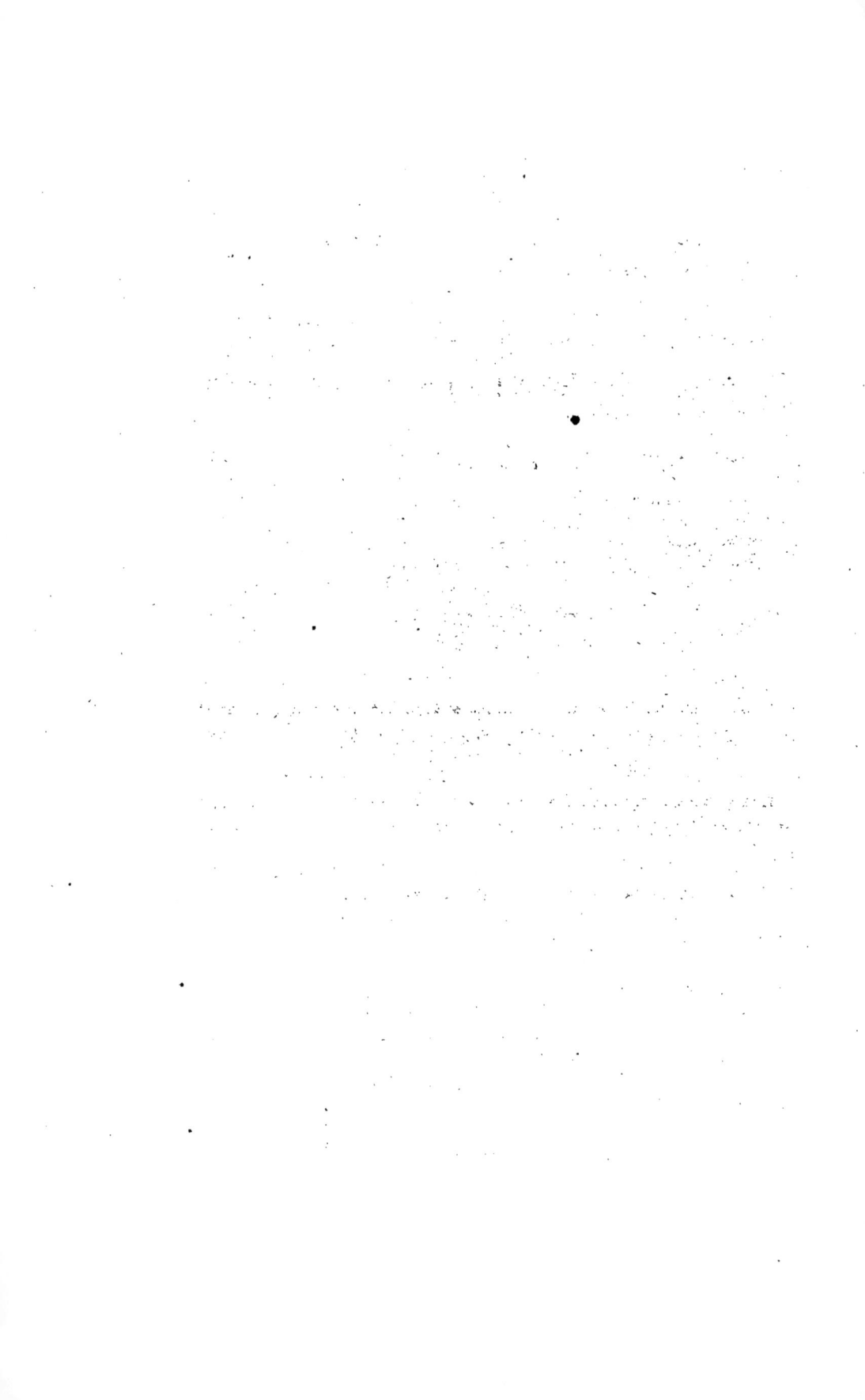

# ANNEXES.

———•———

## I

*RAPPORT relatif à l'exécution d'un chemin de fer de la ligne principale du chemin de fer de Paris à Strasbourg au camp de Châlons.*

Le Gouvernement fait établir dans la plaine de la Champagne, entre Reims et Châlons-sur-Marne, un camp qui vient s'appuyer sur les vallées de la Vesle et de la Noblette, formant ses limites au sud et sud-est.

Cet établissement militaire devant être permanent pour commander les défilés de l'Argonne, les terrains ont été acquis par l'Etat, et le génie militaire y fait exécuter des travaux définitifs en tous genres, et notamment des pavillons pour le chef de l'Etat et pour le commandant en chef.

Le Gouvernement désirerait qu'un chemin de fer fût établi pour relier ce camp à la ligne principale du chemin de fer de Paris à Strasbourg.

Pour satisfaire à ces désirs, M. le préfet de la Marne a fait étudier divers projets par MM. les ingénieurs du département ; d'autres projets ont été étudiés par des industriels de la localité. Mais les difficultés de la traversée de Châlons et du passage d'un faîte qui domine cette ville au nord, et dont la hauteur est de 70 à 80 mètres au-dessus du sol de la vallée de la Marne, ont déterminé les divers auteurs de ces projets à se borner à l'étude de tracés partant de la rive droite de la Marne. C'est assez dire qu'une telle solution de la question serait tout à fait incomplète, puisqu'il faudrait faire rompre charge pour les troupes comme pour tous les approvisionnements.

Nous avons recherché une autre solution, et un examen minutieux des localités nous a fait reconnaître que l'exécution d'un chemin de fer se détachant de la ligne même du chemin de fer de Paris à Strasbourg, et arrivant directement au camp retranché, pouvait avoir lieu sans trop de difficultés.

*Tracé du chemin de fer projeté.* — Il est possible, en effet, de faire partir le tracé de l'embranchement d'un point pris sur la ligne de Strasbourg à 300 ou 400 mètres de l'extrémité ouest de la ligne de Châlons ; de le développer dans la plaine de Fagnières pour traverser normalement la Marne et le canal latéral entre Récy et Saint-Martin-sur-Pré ; de passer au-dessous de la route de Reims entre le village de la Veuve et le mont de la Croix ; de contourner le mont Maillot pour franchir le faîte séparatif des vallées de la Marne et de la Vesle, sur le point où il est le plus déprimé aux abords de Châlons, et d'atteindre le camp au carrefour des routes qui le longent et le contournent dans toutes les directions.

Dans ces conditions, le développement du tracé serait de 19 kilomètres, et il y aurait une augmentation de 4 kilomètres sur le parcours par terre.

On pourrait plus simplement encore, après avoir franchi la Marne et le canal latéral et traversé le chemin de grande communication entre Récy et Saint-Martin, se détourner brusquement pour venir passer à l'est du mont de la Croix, venir couper la vallée entre Dompierre et Saint-Etienne, et arriver au même point que dans le premier tracé.

Le développement dans cette hypothèse ne serait que de 16 kilomètres, et il n'y aurait qu'un allongement de 1 kilomètre sur la route de terre.

*Rayons des courbes, déclivités des pentes et rampes.* — Le plan et les profils ci-annexés prouveront mieux que tous les raisonnements que les rayons des courbes et les déclivités des pentes et des rampes sont dans les conditions généralement admises. Ainsi, les rayons des courbes ne seront pas inférieurs à 750 mètres, et les déclivités des pentes et rampes ne dépasseront pas 10 millimètres.

*Ouvrages d'art.* — Le seul ouvrage d'art de quelque importance serait un pont sur la Marne et sur le canal latéral, qui sont pour ainsi dire accolés sur le point où ils seraient traversés ; mais un pont en charpente pour une simple voie suffirait dans l'espèce, et la construction de cet ouvrage d'art serait alors aussi simple qu'économique. Il y aurait lieu aussi de faire sur estacades en charpente la traversée de la partie de la vallée contiguë à la Marne, pour éviter les effets des débordements et les chances d'accidents pouvant en résulter sur des levées en terre.

On exécuterait aussi en charpente les petits viaducs sur la Noblette ou sur la Vesle.

*Voies de fer et accessoires.* — Les voies de fer seraient établies avec des rails et coussinets provenant de la ligne de Strasbourg à Bâle, qu'on poserait sur traverses neuves, qu'on espacerait de 75 à 80 centimètres, de milieu en milieu.

On trouverait aussi dans les objets du matériel de la voie en magasin la totalité ou la majeure partie de ceux nécessaires à l'établissement du chemin de fer projeté.

L'acquisition de 20,000 traverses serait donc à vrai dire la seule fourniture importante à faire.

*Stations.* — On pourrait se borner à établir une seule station à l'extrémité de l'embranchement projeté; cette station et celle de Châlons seraient suffisantes pour le desservir.

Les bâtiments de voyageurs et accessoires seraient construits avec les matériaux provenant des démolitions des bâtiments provisoires de la ligne principale entre Paris et Vitry-le-François, qui sont disponibles maintenant, et dont on pourrait ainsi commencer immédiatement la démolition et la reconstruction.

*Condition principale d'établissement.* — Comme condition principale d'établissement, il faudrait admettre l'occupation des terrains pour deux voies et les travaux d'art comme les terrassements exécutés pour une simple voie.

*Question d'exécution.* — L'opportunité du camp de Châlons dépend évidemment de la promptitude avec laquelle il sera exécuté, parce qu'on ferait une dépense en pure perte, si l'on ne devait arriver à y faire passer les machines qu'après les grandes manœuvres qui doivent avoir lieu dès cette année, dans le courant de septembre.

Mais la question d'exécution est subordonnée elle-même à la prise de possession des terrains, et il faudrait qu'elle fût immédiate. On ne pourrait arriver à ce résultat que si le Gouvernement faisait occuper ces terrains temporairement, sauf à convertir ultérieurement ces occupations temporaires en occupations définitives.

Dans l'hypothèse de l'occupation immédiate des terrains, et en faisant exécuter les charpenteries par un entrepreneur habile, pouvant disposer d'un grand nombre d'ouvriers, et les terrassements par des tâcherons de la localité, les travaux pourraient être poussés avec assez d'activité pour que l'embranchement pût être livré à l'exploitation dans les premiers jours de septembre.

*Question de dépense.* — Dans les conditions d'exécution ci-dessus indiquées, et en admettant que les terrains soient mis à la disposition de la Compagnie, la somme à débourser pour l'exécution de l'embranchement projeté pour le tracé le plus direct serait d'environ 1,500,000 francs.

*Réserve.* — La Compagnie pourrait se réserver la faculté d'enlever les objets du matériel fixe de la voie et autres accessoires, si le camp était abandonné dans l'avenir.

Il serait bien entendu, d'un autre côté, que la Compagnie aurait la faculté d'interrompre le service sur l'embranchement, dans le laps de temps où le camp serait inhabité.

*Résumé.* — En résumé, l'ingénieur en chef soussigné pense que la Compagnie pourrait demander au Gouvernement l'autorisation d'exécuter l'embranchement du camp de Châlons dans les conditions ci-dessus déterminées.

Paris, le 16 juin 1857.

*Signé :* E. VUIGNER.

## II

*ARRÊTÉ du préfet de la Marne pour autoriser les études de l'embranchement et lettre d'envoi.*

MONSIEUR LE PRÉSIDENT,

Par sa décision en date du 23 de ce mois, Son Exc. M. le ministre de l'agriculture, du commerce et des travaux publics a autorisé la Compagnie des chemins de fer de l'Est à faire les études nécessaires pour l'établissement d'un chemin de fer de raccordement entre la ligne de Paris à Strasbourg et le camp de Châlons sur-Marne.

Pour l'exécution de cette décision, et sur la demande de M. l'ingénieur en chef de la Compagnie, j'ai pris un arrêté, par lequel les agents chargés des études sont autorisés à pénétrer dans les propriétés closes ou non closes que le chemin de fer doit traverser.

J'ai l'honneur de vous adresser ci-joint une ampliation de cet arrêté. Je vous prie, monsieur le président, de vouloir bien m'en accuser la réception.

Recevez, etc.

Châlons, 27 juin 1857.

Le préfet de la Marne,

*Signé :* CHASSAIGNE.

---

*Préfecture de la Marne.*

ARRÊTÉ.

Le maître des requêtes, préfet du département de la Marne, vu la lettre en date du 23 juin 1857, par laquelle Son Exc. M. le ministre de l'agriculture, du commerce et des travaux publics fait connaître qu'elle a autorisé la Compagnie de l'Est à faire les études nécessaires pour l'établissement d'un chemin de fer de raccordement entre la ligne de Paris à Strasbourg et le camp de Châlons-sur-Marne ;

Vu l'état indicatif des communes traversées par le chemin de fer projeté ;

Vu la loi du 16 septembre 1807 ;

### ARRÊTE :

ART. 1er. — M. l'ingénieur en chef de la Compagnie des chemins de fer de l'Est et les agents placés sous ses ordres sont autorisés à entrer dans les propriétés publiques et privées, closes ou non closes, à l'effet de procéder aux levées de plans, sondages, nivellements et autres opérations nécessaires pour l'établissement d'un chemin de fer de raccordement entre la ligne de Paris à Strasbourg et le camp de Châlons-sur-Marne.

Ces diverses opérations auront lieu sur le territoire des communes de Fagnières, Saint-Martin-sur-le-Pré, Récy, Juvigny, la Veuve, les Grandes-Loges, Bouy et Louvercy.

ART. 2. — MM. les maires, adjoints, commissaires de police, et gardes champêtres sont invités à intervenir pour lever les obstacles qui pourraient être opposés à l'exécution desdites opérations.

ART. 3. Les indemnités auxquelles pourraient avoir droit les propriétaires pour cause de dommages résultant des opérations dont il s'agit seront réglées à l'amiable ou, à défaut, par le Conseil de préfecture.

Les précautions et tous les égards convenables seront d'ailleurs mis en usage par les agents de la Compagnie pour l'exécution de cette mesure d'un intérêt général.

ART. 4. — Le présent arrêté sera inséré au recueil des actes administratifs, et MM. les maires sont invités à donner à ces dispositions toute la publicité convenable.

Des expéditions en seront adressées à la Compagnie des chemins de fer de l'Est.

Fait à Châlons-sur-Marne, le 27 juin 1857.

*Signé :* CHASSAIGNE.

Pour ampliation délivrée à la Compagnie concessionnaire des chemins de fer de l'Est :

*Le Conseiller de préfecture, secrétaire-général,*

*Signé :* MOIGNON.

## III

*CONVENTION avec l'Etat relative à la concession à la Compagnie de l'Est d'un chemin de fer desservant le camp de Châlons.*

L'an mil huit cent cinquante-sept et le deux juillet,

Entre le ministre de l'agriculture, du commerce et des travaux publics, agissant au nom de l'Etat, et sous la réserve de l'approbation des présentes par décret de l'Empereur,

D'une part ;

Et la Société anonyme établie à Paris, sous la dénomination de *Compagnie des chemins de fer de l'Est*, ladite Compagnie représentée par :

MM. le duc de Gallier a,

H. Jayr,

Baron d'Hervey,

Baignères,

Roux,

Membres du Conseil d'administration, agissant en vertu des pouvoirs qui leur ont été conférés par délibération de ce Conseil, en date du 2 juillet 1857, et en outre sous la réserve de l'approbation des présentes par l'assemblée générale des actionnaires, dans sa plus prochaine réunion,

D'autre part ;

Il a été dit et convenu ce qui suit :

ARTICLE 1er. — Le ministre de l'agriculture, du commerce et des travaux publics, au nom de l'Etat, concède, pour une durée égale à celle de la concession de son réseau, à la Compagnie de l'Est, qui l'accepte, un chemin de fer se détachant d'un point de la ligne de Paris à Strasbourg à déterminer entre Saint-Gibrien et Châlons-sur-Marne, et aboutissant au camp dit de Châlons, en un point à déterminer, vers Livry-sur-Vesle.

La Compagnie s'engage à exécuter ledit chemin à ses frais, risques et périls, et dans un délai de six mois, à partir du décret qui approuvera la présente convention.

ART. 2. — Le chemin de fer énoncé à l'article précédent sera soumis aux clauses et conditions du cahier des charges annexé au décret du 17 août 1853 relatif à la ligne de Paris à Mulhouse, sous la réserve des modifications suivantes :

Les ouvrages d'art et les terrassements ne seront exécutés que pour une seule voie, sauf des gares d'évitement à établir en un ou plusieurs points qui seront déterminés par l'administration, la Compagnie entendue, les terrains étant immédiatement acquis pour deux voies.

La Compagnie est autorisée à établir, pour la traversée de la rivière et de la vallée de la Marne, un pont et une estacade en charpente, l'Administration se réservant la faculté d'exiger la reconstruction de ces ouvrages, suivant les conditions prescrites par le cahier des charges, dans le cas d'un prolongement sur Sainte-Menehould, ainsi qu'il sera dit ci-dessous.

La Compagnie est autorisée, en outre, à percevoir pour le transport des militaires ou marins voyageant isolément pour cause de service, envoyés en congé illimité ou en permission, ou rentrant dans leurs foyers après libération, ainsi que pour le transport de leurs chevaux ou bagages sur la ligne concédée par la présente convention, la moitié de la taxe du tarif fixé par le cahier des charges.

Art. 3. —Pendant un délai de six ans la Compagnie aura la préférence, à conditions égales, pour la concession d'un prolongement dudit chemin sur Sainte-Menehould.

Art. 4. — La Compagnie sera autorisée, si elle en fait la demande, à suspendre l'exploitation aux époques où le camp ne serait pas occupé.

Art. 5. — Si, à une époque quelconque et pour quelque cause que ce soit, le camp venait à être définitivement supprimé, la Compagnie aura le droit d'enlever les rails et de disposer des terrains ainsi qu'elle avisera, sauf le droit de rétrocession résultant, pour les anciens propriétaires, de l'article 60 de la loi du 3 mai 1841, si mieux n'aime le Gouvernement reprendre le chemin en remboursant les dépenses de premier établissement.

L'abandon dudit chemin par la Compagnie emportera renonciation de sa part au droit de préférence ci-dessus stipulé pour la concession d'un prolongement sur Sainte-Menehould.

Art. 6. — La présente convention ne sera passible que du droit fixe d'un franc.

Fait à Paris, les jours, mois et an que dessus.

*Le ministre de l'agriculture, du commerce et des travaux publics,*

*Signé :* E. ROUHER.

*Signé :* Duc DE GALLIERA, H. JAYR, baron D'HERVEY, BAIGNÈRES, ROUX.

# IV

*DÉCRET IMPÉRIAL approuvant la Convention.*

Napoléon, par la grâce de Dieu et la volonté nationale, Empereur des Français,
A tous, présents et à venir, salut.

Sur le rapport de notre ministre secrétaire d'Etat au département de l'agriculture, du commerce et des travaux publics,

Vu l'avant-projet d'un chemin de fer de Châlons-sur-Marne à Sainte-Menehould ;

Vu les pièces de l'enquête à laquelle ce projet a été soumis, et notamment le procès-verbal de la Commission d'enquête ;

Vu le cahier des charges annexé au décret du 17 août 1853, relatif à la ligne de Paris à Mulhouse ;

Vu l'avis du Conseil général des ponts et chaussées, en date du 22 juin 1857 ;

Vu le Sénatus-consulte du 25 décembre 1852, article 4 ;

Vu la loi du 3 mai 1841 sur l'expropriation pour cause d'utilité publique ;

Vu la convention provisoire, passée le 2 juillet 1857, entre notre ministre de l'agriculture, du commerce et des travaux publics, et la Compagnie des chemins de fer de l'Est ;

Notre Conseil d'Etat entendu ;

Avons décrété et décrétons ce qui suit :

Article 1er. — Est et demeure approuvée la convention provisoire passée, le 2 juillet 1857, entre notre ministre de l'agriculture, du commerce et des travaux publics et la Compagnie de l'Est, pour la construction et l'exploitation d'une ligne de chemin de fer reliant le camp projeté près de Châlons-sur-Marne à un point de la ligne de Paris à Strasbourg, à déterminer aux abords de cette ville.

Ladite convention restera annexée au présent décret.

Art. 2. — Notre ministre secrétaire d'Etat au département de l'agriculture, du commerce et des travaux publics est chargé de l'exécution du présent décret, lequel sera inséré au Bulletin des lois.

Fait à Plombières, le 3 juillet 1857.

*Signé :* NAPOLÉON,

Par l'Empereur :
*Le ministre secrétaire d'Etat au département de l'agriculture, du commerce et des travaux publics,*
*Signé :* E. Rouher.

Pour copie conforme :
*Le directeur général des ponts et chaussées et des chemins de fer,*
*Signé :* De Franqueville.

## V

*CONVENTION entre le département de la guerre et la Compagnie du chemin de fer de l'Est, relativement à l'embranchement du camp de Châlons.*

A monsieur le directeur des fortifications de Mézières.

COLONEL,

A la date du 13 août dernier, j'ai revêtu de mon adhésion une convention passée entre le département de la guerre et la Compagnie du chemin de fer de l'Est, relativement à l'embranchement qui doit relier le camp de Châlons-sur-Marne au railway de Paris à cette ville.

Je vous adresse, ci-joint, pour vos archives, une copie de cet acte. Vous remarquerez qu'en raison des avantages que le service militaire doit tirer de l'embranchement dont il s'agit, le département de la guerre a consenti à concourir aux frais de son établissement pour une somme totale de 450,000 francs.

Les payements devant être effectués par trimestre, à partir du jour de la mise en exploitation de la voie, je vous invite à vous concerter avec le service d'intendance et avec MM. les ingénieurs civils représentant la Compagnie pour faire constater par une pièce régulière le moment où l'embranchement en cours d'exécution sera prêt à être livré à la circulation.

Vous me transmettrez, sans délai, le procès-verbal qui aura été dressé à cet effet.

Des instructions analogues vont parvenir à M. l'intendant de la 4e division militaire.

Paris, le 10 septembre 1857.

Le ministre secrétaire d'État de la guerre,

Pour le ministre et par ordre :

Le général directeur,
Signé : G. MENGIN.

Pour copie conforme et pour notification à M. le chef du génie au camp de Châlons :

Pour le colonel directeur des fortifications en tournée, le chef du génie de Mézières,

Signé : CRŒTSCHLER.

*Convention avec S. Exc. M. le ministre de la guerre.*

La Compagnie des chemins de fer de l'Est a passé, à la date du 2 juillet courant, une convention avec S. Exc. M. le ministre des travaux publics, ayant pour objet la concession d'un chemin de fer de Châlons-sur-Marne au camp de Châlons, convention autorisée par décret du 3 juillet 1857.

Ce chemin devant longer le camp dans sa plus grande largeur, de l'est à l'ouest, et rendre inutile la route que le génie militaire devait construire et entretenir pour le service spécial du camp, il a paru juste que le département de la guerre, par compensation, concourût, dans une certaine mesure, aux travaux de viabilité que doit exécuter la Compagnie des chemins de fer de l'Est.

En conséquence, la convention dont la teneur suit a été passée entre cette Compagnie et le ministre secrétaire d'État de la guerre :

ART. 1er. — Indépendamment du prix des transports exécutés par la Compagnie, sur le chemin de fer de Châlons au camp, et qui seront décomptés d'après les taxes résultant du cahier des charges, en ce qui concerne les militaires et leurs bagages, et d'après le traité du 31 décembre 1855, en cours d'exécution sur le surplus du réseau de l'Est, en ce qui concerne les transports généraux de la guerre, le département de la guerre payera annuellement, pour les causes indiquées ci-dessus, une somme de 75,000 francs pendant six ans.

Les payements auront lieu par trimestre, à terme échu, à partir du jour de la mise en exploitation dudit chemin.

ART. 2. — Le département de la guerre s'oblige à faire transporter exclusivement par les chemins de fer de l'Est et du camp la totalité des troupes et des transports généraux de la guerre, en destination ou en provenance du camp, et à n'opérer aucun de ces transports par terre ou par eau.

La disposition qui précède n'est point applicable au cas où le ministre de la guerre ordonnerait des mouvements de troupes à pied et par étapes.

Fait double à Paris le 13 août 1857.

## VI

*INSTRUCTIONS relatives aux dispositions à prendre pour l'établissement de l'embranchement du camp de Châlons.*

*Exposé.* — La Compagnie du chemin de fer de l'Est est définitivement concessionnaire de l'embranchement du camp de Châlons, et cet embranchement doit être construit dans un bref délai. Les dispositions d'urgence ci-dessous indiquées sont à prendre à cet effet.

*Personnel.* — M. Martin, chef d'arrondissement de la première division d'entretien, devra être chargé plus particulièrement de la direction sur les lieux des opérations graphiques et de la surveillance de l'embranchement projeté.

Il devra être aidé dans cette mission par M. Brocot, chef de la troisième section, auquel il sera adjoint un nouveau sous-chef de section spécialement attaché à l'embranchement.

En attendant la nomination des agents définitifs de cette sous-section, MM. Sieckowsky et Ravenot seront détachés momentanément de la division de construction (partie de la ligne de Mulhouse comprise entre Noisy-le-Sec et Flamboin), pour faire les opérations graphiques nécessaires.

MM. Dugardin et Santandréa, dessinateurs au bureau central, seront envoyés à Châlons et y seront mis à la disposition de M. Martin, notamment pour relever dans les communes les plans cadastraux des sections où doit passer le tracé de l'embranchement.

Des gardes suppléants, au nombre de trois, seront envoyés sur l'embranchement pour aider dans les opérations, et ils seront employés comme gardes chefs provisoires.

La place de piqueur aux écritures, dans la nouvelle sous-section, sera réservée jusqu'à nouvel ordre.

Il sera employé, en outre, un certain nombre d'ouvriers en régie, comme porte-mire ou porte-chaîne.

*Personnel spécial aux expropriations.* — M. Perrin, attaché comme géomètre en chef à la ligne de Mulhouse, dans la sixième division, sera chargé, comme sur la ligne de Mulhouse, de toutes les opérations relatives aux expropriations, et il aura un personnel à lui à cet effet.

M. Perrin devra s'entendre avec M. Martin pour ces diverses opérations.

M. Lamairesse, propriétaire et maire à Saint-Martin-sur-Pré, anciennement expert de l'administration pour les expropriations relatives à l'exécution du chemin de fer du canal latéral aux environs de Châlons, sera choisi comme un des notables du pays pour l'évaluation des indemnités foncières et mobilières.

*Tracé du chemin de fer projeté.* — L'embranchement projeté se détachera de la ligne principale à un point situé entre l'extrémité ouest de la gare de Châlons et le pont de Fagnères. Le tracé traversera la Marne et le canal latéral, en aval de la gare de Saint-Martin, traversera la route de Reims entre le mont de la Croix et la Veuve, et passera, soit au sud, soit au nord du mont Chaillot, pour aboutir au camp, vers Livry, en franchissant la Vesle, soit à Bouy, soit à Louvercy.

L'emplacement de la station extrême vers Livry sera ultérieurement déterminée, sur les indications qui seront données par Son Exc. M. le ministre de la guerre, qui doit prendre à cet effet les ordres de l'Empereur.

Dans toute circonstance, il sera établi une station intermédiaire près le village de la Veuve.

*Travaux.* — La Marne et le canal latéral seront traversés au moyen de viaducs en charpente, conformément au projet dont les dispositions d'ensemble et de détail seront ultérieurement déterminées.

Il sera établi, à partir du lit de la Marne, et sur une longueur de 600 mètres, en revenant vers la ligne principale, une estacade en charpente, pour l'établissement de la voie de fer.

Les viaducs sur la Marne et le canal latéral, ainsi que l'estacade de la vallée, pouvant être remplacés ultérieurement par des ouvrages définitifs, devront être placés à 6m,50 à l'est de l'axe réel de l'embranchement, et parallèlement à cet axe.

Entre l'extrémité sud de l'estacade et la ligne principale, la plate-forme de l'embranchement sera établie pour une voie, et conformément au profil ci-annexé, au moyen d'un emprunt latéral pratiqué à l'ouest de l'axe. Il devra être acquis à cet effet, entre la ligne principale et l'extrémité sud de l'estacade, une zone de 50 mètres de largeur (12m,50 de l'axe vers l'est, et 37m,50 vers l'ouest).

A partir de l'extrémité sud de l'estacade et le chemin de grande communication, entre Saint-Martin et Récy, qui sera passé à niveau, la zone de terrains à acquérir sera de 25 mètres (12m,50 de chaque côté de l'axe).

Le chemin de fer sera établi pour une simple voie au-dessus dudit chemin de grande communication, mais il sera donné ultérieurement des instructions pour les conditions d'établissement.

Les viaducs et estacade en charpente ci-dessus indiqués seront construits par MM. Parent Schaken et Cie, conformément au traité passé avec eux par le Comité.

Les travaux de terrassement et de ballastage, entre la ligne principale et le chemin de grande communication ci-dessus indiqué, seront donnés à MM. Guillery et Cie, qui doivent y mettre des ouvriers immédiatement.

D'autres dispositions seront prises ultérieurement pour l'exécution des travaux dans les autres sections.

*Formalités à remplir, etc.* — Pour arriver à la prompte exécution des travaux il y aurait à obtenir des arrêtés d'occupation temporaire, savoir :

1° Pour dépôts de matériaux, emprunts, etc., à la jonction de l'embranchement avec la ligne principale ;

2° Pour dépôts de matériaux, emprunts et carrières à ballast, dans la prairie bordant la Marne sur la rive gauche, territoire de Fagnières ;

3° Entre la Marne et le canal latéral ;

4° Entre le canal latéral et le chemin de grande communication de Saint-Martin à Récy.

Il y aurait lieu d'avoir le plan parcellaire, avec l'indication des propriétaires et des surfaces à occuper pour solliciter ces arrêtés. (Ces documents existent déjà pour le 2° et le 3° article. Il faudrait les avoir promptement pour le 1ᵉʳ et le 4°.)

Il y aurait lieu de payer comptant les indemnités mobilières, non-seulement pour les terrains occupés temporairement, mais encore pour ceux à occuper définitivement.

Pour éviter toute perte de temps, il y aura lieu de se servir de plans cadastraux pour l'établissement des premiers plans parcellaires, ainsi que cela a été entendu verbalement, sauf à faire ultérieurement le plan régulier à l'échelle de 1 millimètre pour rectification de surface.

Paris, ce 6 juillet 1857.

L'ingénieur en chef de la Compagnie,

Signé : E. VUIGNER.

---

# VII

*INSTRUCTIONS complémentaires pour l'établissement de l'embranchement du camp de Châlons.*

*Acquisition de terrains.* — Des indications ont été données pour les zones de terrains à acquérir, depuis l'origine de l'embranchement jusqu'au chemin qui conduit de Saint-Martin à Récy.

Au delà de ce chemin, les terrains devront être acquis pour deux voies, en ménageant l'emplacement de stations intermédiaires près la route départementale de Châlons à Reims, à l'ouest de la Veuve, et près la route de grande communication conduisant de Bouy à Saint-Hilaire.

Ces emplacements de stations seront situés au sud des routes et chemins ci-dessus déterminés ; la zone de terrains à y acquérir aura 50 mètres de largeur sur une longueur de 200 mètres, à partir du chemin, conformément au croquis ci-dessous.

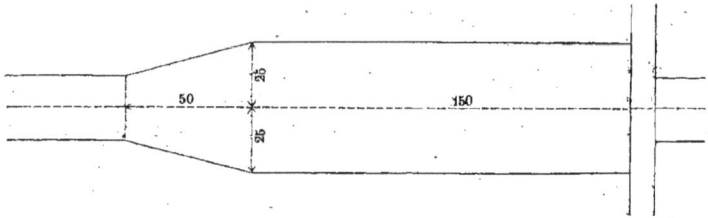

L'ingénieur en chef soussigné, a déterminé sur les lieux l'emplacement de la station extrême qui doit être située entre le chemin de Mourmelon-le-Petit à Mourmelon-le-Grand et le vallon du ruisseau le Cheneux.

Dans cette localité, l'axe du chemin de fer sera parallèle à la limite du camp, et à 40 mètres de cette limite ; la zone des terrains à acquérir sera ainsi de 80 mètres entre lesdits chemin et vallon.

Il sera acquis en outre des terrains pour maisons de gardes, près la traversée des routes et chemins où il devra être établi des passages à niveau, et autres que ceux où il pourra être formé des stations.

*Etablissement des voies de fer.* — A moins d'ordres nouveaux, les voies de fer de l'embranchement du camp de Châlons devront être établies ainsi qu'il suit, savoir :

Dans la traversée de la Marne, ou, pour mieux dire, depuis l'origine de l'embranchement jusqu'aux estacades en charpente, les voies de fer devront être établies avec des rails provenant de la ligne de Strasbourg à Bâle.

Depuis l'origine sud des estacades jusqu'au delà de la traversée du canal latéral, les voies seront établies sur longrines avec des bridge-rails fixés avec des tire-fonds.

Au delà, et jusqu'à la sortie des fortes pentes, au sud de Saint-Hilaire, les voies seront établies avec des rails P S et des coussinets éclisses aux joints.

Entre ces points et la traversée du chemin de grande communication près Bouy, les rails seront établis avec des rails P S et des coussinets de joints ordinaires.

Depuis ledit chemin jusqu'à l'extrémité de l'embranchement, et dans la station de Mourmelon-le-Petit, il sera employé des rails provenant de la ligne de Strasbourg à Bâle.

Les changements et croisements de voie seront tous du modèle de Paris à Strasbourg (P S).

*Télégraphie.* — Il devra être posé immédiatement une ligne de télégraphie électrique entre Châlons et l'extrémité de l'embranchement à la station de Mourmelon-le-Petit.

Les poteaux devront être posés à la limite des terrains acquis du côté est ou ouest, selon l'indication qui sera donnée par l'inspecteur des lignes télégraphiques.

*Exécution des travaux*. — Les dispositions pour l'exécution des travaux, au delà du chemin de grande communication de Saint-Martin à Récy, ne peuvent être prises qu'après avoir arrêté le profil en longueur.

L'ingénieur en chef soussigné demanderait que ce profil lui fût envoyé au fur et à mesure qu'il sera relevé sur le terrain, pour arrêter ainsi le profil définitif par parties. Il demanderait aussi le profil, depuis le canal latéral jusqu'à la route de Châlons.

Paris, ce 14 juillet 1857.

*L'ingénieur en chef de la Compagnie à Reims,*
*Signé :* E. VUIGNER.

# VIII

*AMPLIATION d'une décision ministérielle approbative*
*de divers ouvrages d'art.*

MONSIEUR LE PRÉFET,

J'ai examiné en Conseil général des ponts et chaussées, ainsi que j'ai eu l'honneur de vous en informer par une dépêche du 18 de ce mois, le projet présenté par la Compagnie des chemins de fer de l'Est pour la construction d'estacades et de viaducs en charpente à la traversée de la vallée et de la rivière de la Marne par le chemin de fer du camp de Châlons.

Le Conseil, considérant que les dispositions dudit projet paraissent convenables, a émis l'avis qu'il y avait lieu de l'approuver.

J'ai adopté cet avis par décision de ce jour que je vous prie, monsieur le Préfet, de communiquer immédiatement à M. l'ingénieur en chef du contrôle, ainsi qu'à M. l'ingénieur en chef du service de la Marne.

Vous voudrez bien également notifier d'urgence la présente décision à la Compagnie.

Vous trouverez ci-joint, revêtus de mon visa, les plans du projet approuvé.

Recevez, etc.

Paris, le 21 juillet 1857.

Pour le ministre de l'agriculture, du commerce et des travaux publics, et par autorisation :
*Le directeur général des ponts et chaussées et des chemins de fer,*
*Signé :* DE FRANQUEVILLE.

Pour copie conforme délivrée à la Compagnie concessionnaire des chemins de fer de l'Est :

*Le conseiller de préfecture, secrétaire général,*
*Signé :* MOIGNON.

## IX

*ARRÊTÉ du préfet de la Marne autorisant l'occupation de terrains*
*appartenant à l'Etat.*

Nous, préfet du département de la Marne,

Vu la pétition présentée par M. l'ingénieur en chef de la Compagnie des chemins de fer de l'Est, tendant à obtenir l'autorisation d'enlever les dépôts provenant des fouilles du canal latéral de la Marne, sur les deux rives en aval de la gare de Saint-Martin-sur-Pré, jusqu'au pont du terme Brouart situé plus bas sur la commune de Saint-Martin ;

Vu l'avis de l'ingénieur ordinaire du canal latéral à la Marne, à la résidence d'Epernay, en date du 20 juillet 1857 ;

Vu celui de l'ingénieur en chef du 21 du même mois ;

Vu le profil en travers normal du canal latéral à la Marne ;

Vu les lois et règlements concernant la grande voirie, notammment l'arrêt du Conseil d'Etat du roi du 27 février 1765 ;

Arrêtons ce qui suit :

ARTICLE 1er. — M. l'ingénieur en chef de la Compagnie des chemins de fer de l'Est est autorisé aux fins de sa demande, sous la réserve des conditions suivantes :

1° Entre la gare de Saint-Martin-sur-Pré et le pont du terme Brouart à l'aval, l'enlèvement des cavaliers existant sur les deux rives du canal aura lieu de manière à laisser un terre-plain uniforme sur le reste du terrain de l'Etat. Dans aucun cas, il ne sera effectué de déblais au-dessous du niveau du sol naturel, et sur les points où ce niveau serait à moins d'un mètre au-dessus des plus hauts débordements ou, en d'autres termes, inférieur à la cote 81,57 au-dessus du niveau moyen de l'Océan, les déblais seront arasés à cette côte avec talus de deux de base pour un de hauteur ;

2° Toutes les surfaces horizontales ou inclinées seront réglées avec soin, de manière qu'on n'y aperçoive ni bosses ni flaches ;

3° L'enlèvement devra être complet sur la longueur déblayée, et devra être le même sur les deux rives ; aucun transport ne pourra s'effectuer en voiture ou en waggon sur les levées du canal, aucun véhicule ne pourra y passer, même à vide ;

4° La Compagnie sera tenue de payer les indemnités qui pourraient être dues aux fermiers des francs-bords du canal ; elle sera en outre responsable des dégradations qui seraient commises aux plantations et aux autres ouvrages du canal par ses ouvriers ;

5° Les travaux seront exécutés sous la surveillance des ingénieurs chargés du service de la navigation de la Marne ou de leurs agents ; la Compagnie devra se conformer à toutes les indications et prescriptions reconnues utiles pendant l'exécution des travaux, de manière à ne pas gêner la navigation, tant sur le canal que sur la Marne, et sans préjudice des poursuites qui pourraient être exercées contre elle pour contraventions aux lois et règlements concernant la grande voirie.

ART. 2. — M. l'ingénieur en chef du canal latéral de la Marne est chargé, en ce qui le concerne, de l'exécution du présent arrêté.

Fait à Châlons-sur-Marne, le 22 juillet 1857.

Signé : CHASSAIGNE.

Pour copie conforme délivrée à la Compagnie concessionnaire des chemins de fer de l'Est :
Le conseiller de préfecture, secrétaire général,
Signé : MOIGNON.

---

## X

*DECISION du ministre de l'intérieur, relative à l'établissement d'une ligne télégraphique.*

Vu la loi du 29 novembre 1850 et le décret du 27 décembre 1851 ;

Vu l'arrêté ministériel du 21 novembre 1854, relatif à l'organisation du service télégraphique des chemins de fer de l'Est ;

Vu la demande de ladite Compagnie ;

Sur le rapport du directeur des lignes télégraphiques ;

Arrête :

ARTICLE 1er. — La Compagnie des chemins de fer de l'Est est autorisée à établir une ligne télégraphique à trois fils, pour les besoins de son exploitation, entre Châlons-sur-Marne et le camp de Châlons.

ART. 2. — Les frais de toute nature nécessités par l'achat et la pose des poteaux et des fils, la construcution des postes, l'achat des appareils et leur entretien, en un mot, toutes les dépenses nécessaires pour l'établissement de la correspondance spéciale du chemin de fer sont à la charge de la Compagnie.

Les travaux seront exécutés sous la surveillance des agents de la direction des lignes télégraphiques, qui désigneront préalablement le côté de la voie sur lequel la ligne devra être établie. Ce côté ne pourra, sous aucun prétexte, être changé dans tout le parcours de la nouvelle section.

Art. 3. — L'Etat se réserve le droit de poser sur les poteaux de cette ligne un ou plusieurs fils pour son usage, sans payer aucune indemnité à la Compagnie.

Art. 4. — Toutes les dispositions de l'arrêté ministériel du 21 novembre 1854 sont applicables à cette nouvelle section.

Art. 5. — Le directeur des lignes télégraphiques est chargé de l'exécution du présent arrêté.

Fait à Paris, le 24 juillet 1857.

*Le ministre de l'intérieur,*

*Signé :* Billault.

Pour ampliation :

*Le chef de la première division,*

*Signé :* Chabanel.

---

# XI

*COPIE d'une lettre adressée à la Compagnie par M. le ministre*
*des travaux publics.*

Messieurs, j'ai l'honneur de vous faire connaître que, conformément aux intentions exprimées par S. M. l'Empereur, j'invite M. l'inspecteur général Bailloud à se rendre immédiatement à Châlons-sur-Marne, pour examiner l'état des travaux du chemin de fer qui doit relier cette ville au camp, et rechercher, de concert avec la Compagnie, les mesures les plus propres à assurer l'achèvement de ce chemin à l'époque convenue.

J'invite M. Bailloud à se mettre en rapport, sans le moindre délai, pour l'accomplissement de cette mission, avec M. l'ingénieur en chef de la Compagnie.

Je vous prie de vouloir bien donner des instructions dans le même sens à M. Vuignor.

Je vous prie, en outre, de me faire connaître si vous jugeriez utile, pour assurer le prompt achèvement des travaux, qu'un régiment fût mis à votre disposition.

Je vous serai très-obligé de vouloir bien me transmettre une prompte réponse.
Recevez, etc.

Paris, le 17 août 1857.

Pour le ministre :

Signé : DE FRANQUEVILLE.

---

## XII

*RAPPORT de M. l'inspecteur général Bailloud à S. Exc. M. le ministre
de l'agriculture, du commerce et des travaux publics.*

Suivant les instructions de Votre Excellence, je me suis transporté à Châlons-
sur-Marne pour constater l'état d'avancement des travaux du chemin de fer qui
doit relier cette ville au camp, et reconnaître s'il y a lieu de craindre que ce
chemin ne puisse être livré à l'exploitation à l'époque annoncée par la Compagnie.

J'ai parcouru la ligne, monsieur le ministre, et le compte que j'ai l'honneur de
rendre de cette visite à Votre Excellence la convaincra, je le pense, que les craintes
émises ne sont pas, quant à présent, fondées.

Le chemin à construire présente une longueur totale de 25 kilomètres et comporte l'exécution en terrassements de 43,000 mètres cubes de déblais et de
126,000 mètres cubes de remblais, y compris une première couche de ballast.

Les ouvrages d'art consistent dans :

1° Un pont en charpente, sur la Marne, de 66 mètres d'ouverture ;

2° Une estacade en charpente de 600 mètres de longueur, dans la vallée de la
Marne ;

3° Un pont en charpente sur le canal, avec ferme américaine, de 37$^m$,90 de
débouché ;

4° Deux estacades de 100 mètres environ d'ouverture chacune, pour la traversée
des vallées tourbeuses de la Vesles et du Cheneux ;

5° Divers aqueducs et vingt passages à niveau ;

6° Enfin, une station, dite de Mourmelon-le-Petit, à l'arrivée au camp.

*Terrassements.* — Le 19 août, jour de ma visite,

| | | |
|---|---|---|
| Les déblais, pour un cube total de . . . . . . . | 43.000ᵐ | |
| Étaient exécutés pour. . . . . . . . . . . . . | 33,500 | |
| Restait à faire.. . . . . . . . . . . | 9,500ᵐ | 9,500ᵐ |
| Les remblais, sur un cube de.. . . . . . . . . | 126,000ᵐ | |
| Présentaient un cube exécuté de. . . . . . . . | 90,000 | |
| Restait à faire. . . . . . . . . . . . . . . | 36,000ᵐ | 36,000ᵐ |
| Soit un cube ensemble en terrassements. . . . . | | 45,500ᵐ |

Je ne doute pas, monsieur le ministre, si le temps est favorable, que ces terrassements, d'une facile exécution, ne soient complétement terminés vers le 28 août au plus tard.

*Ouvrages d'art.* — *Pont sur la Marne.* — Tous les pieux du pont sur la Marne, qui se composera de 10 travées de 6ᵐ,60, sont battus et moisés de manière à recevoir les fermes, dont la pose ne doit pas durer plus de trois ou quatre jours.

Les bois des fermes sont approvisionnés en totalité sur place et taillés en majeure partie.

*Estacade.* — L'estacade dans la vallée de la Marne présentera 97 travées en charpente de 6 mètres d'ouverture, établies sur des massifs en maçonnerie.

Ces massifs sont tous terminés ; 58 travées sont déjà mises en place, et le chantier est disposé pour en lever 10 par jour au minimum.

*Pont du canal.* — Les pieux de ce pont sont battus ; on travaille à leur moisage.

Les fermes américaines sont presque entièrement terminées ; on s'occupe de leur prochain arrivage.

Les culées formant ancrage à l'extrémité des estacades du pont de la Marne et du pont du canal sont fondées, et on exécute les maçonneries en élévation.

*Estacades dans les vallées de la Vesle et du Cheneux.* — L'estacade de la vallée de la Vesle se composera de 16 travées de 6 mètres d'ouverture. On a déjà battu les pieux de 14 travées ; on s'occupe des deux dernières. Le moisage est commencé. Ces pieux, rendus nécessaires par le mauvais sol de la vallée, ont 7 à 8 mètres de fiche.

Cinq sonnettes sont en activité au battage des pieux de l'estacade dans la vallée du Cheneux, estacade qui présentera 17 travées de 6 mètres. On évalue à quatre ou cinq jours le temps nécessaire pour terminer le battage de ces pieux, qui prendront, comme dans l'autre vallée, de 7 à 8 mètres de fiche.

Le levage des estacades dans ces deux vallées ne demandera que peu de temps, surtout avec le concours de tous les charpentiers occupés à la taille des bois dans les chantiers de Chaumont.

Il est très-probable que tous les ouvrages en charpente seront terminés avant le 1ᵉʳ septembre.

*Tuyaux.* — Les tuyaux en tôle Chameroy de 0<sup>m</sup>,50 de diamètre, qui doivent assurer l'écoulement des eaux sous le chemin de fer, sont tous rendus à pied d'œuvre ; leur mise en place sera l'affaire d'un ou deux jours.

*Passages à niveau.* — Les passages à niveau, au nombre de 20, sont en cours d'exécution quant à la pose des rails et contre-rails. On a commencé aussi l'installation des barrières. C'est un travail de courte durée.

*Pose de la voie.* — Tous les matériaux pour la pose de la voie sont approvisionnés et répartis sur la ligne dans 7 dépôts différents.

La majeure partie des traverses est sabotée. La pose de la voie est commencée aux abords de quatre de ces dépôts ; elle est déjà faite sur une longueur de 6 kilomètres et se poursuit activement.

Cette pose sera terminée en même temps que l'exécution des terrassements.

On dispose 2 voies de garage : l'une à 9 kilomètres environ de l'origine de l'embranchement, et l'autre à 7 kilomètres du camp.

*Ligne télégraphique.* — Les poteaux télégraphiques sont répartis sur toute l'étendue de la ligne et posés déjà sur plus de la moitié de l'embranchement.

On a commencé la répartition des fils ; ils seront entièrement mis en place vers le 25, de sorte que la ligne télégraphique pourra fonctionner dès le même jour.

*Clôture sèche du chemin.* — Les poteaux de clôture sont approvisionnés en majeure partie, et la pose en est déjà faite par trois ateliers différents sur près de la moitié de la longueur de l'embranchement.

*Station.* — A la station de Mourmelon-le-Petit, les trottoirs des voyageurs sont terminés.

Un bâtiment de 30 mètres de longueur sur 10<sup>m</sup>,50 de largeur, avec rez-de-chaussée et premier étage, peut être considéré comme terminé, quant à la charpente et aux menuiseries.

Un second bâtiment de même dimension a également sa charpente terminée ; on va le couvrir, et on travaille aux distributions intérieures.

Les deux pavillons extrêmes, pour concierge et surveillants, sont montés et couverts ; on achève les menuiseries de l'intérieur.

Les fondations pour la halle des marchandises et la remise du matériel sont terminées. On va procéder au levage de la charpente approvisionnée à pied d'œuvre.

Les fondations de l'un des pavillons (aisances) sont achevées, et les maçonneries sont prêtes à recevoir la charpente. On doit commencer demain les fondations du deuxième pavillon.

J'ajoute enfin, monsieur le ministre, que les voies sont posées dans la longueur des trottoirs ; qu'une plaque tournante de 6 mètres est en place ; qu'on s'occupe de la pose des autres plaques, et que des charpentiers travaillent à fixer la clôture de la gare.

On déploie une grande activité pour achever la station, dont les bâtiments occu-

12

paient, le jour de ma visite, 35 menuisiers, 22 peintres, 2 serruriers et 5 zingueurs. Cette activité se manifeste également sur toute la ligne : les ouvriers, répartis en 15 ateliers, qui, le 17 et le 18, étaient au nombre de 1,447 et 1,500, dépassaient le 19 celui de 1,600, par suite d'un renfort de 100 et quelques hommes venus la nuit précédente par le chemin de fer et mis immédiatement à l'œuvre.

Ce nombre, très-suffisant eu égard à l'avancement des travaux, ne pourrait être augmenté sans préjudice pour leur bonne exécution ; il dépassera même les besoins dès le milieu de la semaine prochaine.

En résumé, monsieur le ministre, les travaux de l'embranchement sont conduits avec intelligence et activité, puisque les approvisionnements sont complets, que les dépôts sont répartis le plus commodément possible pour la célérité du travail, et que de grands résultats ont été obtenus, du 5 juillet au 19 août, pour l'exécution d'un projet dont la Compagnie n'a eu connaissance que le 26 juin dernier.

C'est en effet à cette époque seulement, monsieur le ministre, permettez-moi de le rappeler, qu'une décision de Sa Majesté a substitué à un premier projet de 17 kilomètres de longueur, que la Compagnie s'engageait à exécuter dans le laps de deux mois, le projet en exécution en ce moment et sur une étendue bien plus considérable, puisqu'elle embrasse 25 kilomètres.

Placée dans des conditions beaucoup plus difficiles, la Compagnie a redoublé d'efforts pour répondre aux intentions de l'Empereur.

*Conclusion.* — Je répéterai donc, en terminant, monsieur le ministre, que les travaux, dont l'exécution est satisfaisante, sont dirigés avec toute l'activité qu'ils comportent, que les ateliers sont aussi complets que possible. La Compagnie ne réclame qu'un seul auxiliaire, mais il est indispensable : *du beau temps !* Que la Providence veuille bien l'accorder, et j'ai tout lieu de croire, avec M. l'ingénieur en chef de la Compagnie, que l'embranchement de Châlons au camp sera livré à l'exploitation du 1er au 5 septembre prochain.

Je suis avec respect, etc.

*L'inspecteur général des ponts et chaussées,*

*Signé :* BAILLOUD.

Paris, le 19 août 1857.

## XIII

*RAPPORT relatif à l'état d'avancement des travaux sur l'embranchement du camp de Châlons.*

*Tracé définitif.* — D'après le projet en exécution, l'embranchement du camp de Châlons se détache de la ligne principale à 1,200 mètres environ du point de la route impériale formant l'extrémité ouest de la gare de Châlons ; le tracé traverse la vallée de la Marne, franchit cette rivière et le canal latéral à l'ouest de Saint-Martin, se développe dans la plaine de Récy, traverse la route impériale de Reims à l'ouest de la Veuve, franchit la vallée de la Veuve à l'est de Bouy, et vient aboutir à Mourmelon, sur la rive droite de la vallée du Cheneux.

Le développement est de 25,200 mètres.

*Conditions d'établissement.* — Le chemin de fer est établi pour une voie, mais les terrains sont acquis pour deux voies.

*Terrassements.* — Les terrassements formeront un cube d'environ 280,000 mètres, savoir :

Déblais, y compris les fossés, 100,000 mètres ;

Remblais, y compris la première couche de ballast, 180,000 mètres.

Les terrassements nécessaires peuvent être terminés mardi prochain.

*Ouvrages d'art.* — Les ouvrages d'art se composent, savoir :

1° D'une estacade en charpente dans la vallée de la Marne, composée de 97 travées de 6 mètres, ensemble 582 mètres.

Cinquante-deux fermes sont posées.

Les fermes restantes seront posées le 30 ou le 31 courant.

2° D'un pont sur la Marne, composé de 6 travées de 6$^m$,60.

Quatre fermes sont posées.

Quatre autres fermes seront posées dimanche.

Les deux autres fermes restantes seront posées lundi ou mardi.

3° D'un pont sur le canal latéral de l'Aisne à la Marne, de 3 travées de 12 mètres chacune en moyenne, avec fermes américaines.

Les bois sont sur place ; on commencera le montage demain.

Ce travail laisse quelque incertitude par rapport à tous les détails des fermes qui le composent.

4° D'une estacade pour la traversée de la vallée de la Vesle, de 16 travées de 6 mètres.

Les pieux, d'une hauteur de 7 à 8 mètres de fiche, sont battus et moisés.

On commencera dimanche le levage des fermes.

5° D'une estacade pour la traversée de la vallée du ruisseau du Cheneux, de 17 travées de 6 mètres; total, 102 mètres.

Les pieux, d'une hauteur de fiche de 7 à 9 mètres, seront battus samedi soir.

On commence le moisage.

La mise au levage pourra commencer lundi.

Les autres ouvrages consistent en des buses en fonte, qui sont en partie posées.

*Passages à niveau.* — Il doit y avoir 21 passages à niveau.

Les barrières sont arrivées pour 15 de ces passages.

Sept sont posées.

Les huit autres seront posées à la fin du mois.

*Clôtures sèches.* — Tous les pieux des clôtures sèches seront battus samedi soir.

On pose les fils de fer sur les têtes de ces poteaux, comme clôture provisoire.

*Télégraphie électrique.* — Les poteaux sont posés, un fil fonctionne déjà; on termine la pose d'un second fil.

La ligne est établie déjà de manière qu'on correspond de Paris au quartier général du camp et réciproquement.

*Station de Mourmelon.* — Le bâtiment de la station de Châlons, qui doit servir de buffet est monté; on pose les papiers de tenture, et on fait les peintures extérieures; la cave sera terminée dimanche.

Le bâtiment de la station de Meaux, qui doit servir pour le service des voyageurs, est monté; on termine les distributions intérieures.

Les deux bâtiments formant les pavillons extrêmes sont montés.

On pose les fermes de la gare des marchandises; les trois plaques tournantes de 6 mètres à l'extrémité de la station sont en place.

On commencera demain la pose de la première plaque de 4$^m$,50.

*Pose de voie.* — La voie est posée sur 10 kilomètres environ; les poseurs suivent les terrassiers.

Il sera livré demain 4 kilomètres de plate-forme, et la voie y sera posée dimanche.

*Nombre d'ouvriers employés.* — Le nombre d'ouvriers employés aujourd'hui sur la ligne est de. . . . . . . . . . . . . . . . . . . . . . . . . . . 2,200

et à l'extérieur. . . . . . . . . . . . . . . . . . . . . . . . . . . . 200

Ce qui fait un total de. . . . . . . . . . . . . . . . . . . . . 2,400

*Personnel.* — Il est impossible de pousser les travaux avec plus d'activité qu'on le fait; si nous n'arrivons pas à la fin de la semaine prochaine, c'est qu'il n'y aura pas possibilité de le faire.

Le soussigné ne peut que donner des éloges :

A M. Martin, pour le zèle et le soin qu'il a apporté et qu'il apporte tous les jours, dans tous les détails de l'affaire, comme ingénieur de la Compagnie;

Aux employés sous ses ordres, M. Brocot, chef de section, MM. les sous-chefs de section Martin et Barra, et le chef poseur Desnoyers, qui le secondent parfaitement;

Et à MM. Chèvremont et Gourdin, chefs de service de l'entreprise Parent Schaken et C°, pour le concours qu'ils ont donné, mais notamment à M. Gourdin, pour l'activité apportée dans les travaux d'estacade et des ponts en charpente.

Il fallait le concours d'hommes de cette trempe pour arriver à exécuter ces travaux avec une si grande rapidité.

Paris, le 27 août 1857.

*L'ingénieur en chef de la Compagnie,*

*Signé :* E. VUIGNER.

## XIV

*PROCÈS-VERBAL de reconnaissance des travaux de l'embranchement du camp de Châlons.*

Le 12 septembre 1857 :

MM. BAILLOUD, inspecteur général des ponts et chaussées;

LEFORT, ingénieur en chef des ponts et chaussées, chargé du contrôle des travaux concédés à la Compagnie des chemins de fer de l'Est;

COUCHE, ingénieur en chef des mines, chargé du contrôle de l'exploitation des chemins de fer de l'Est;

Se sont rendus sur la ligne de l'embranchement du camp de Châlons, à l'effet de remplir la mission qui leur a été confiée par la décision ministérielle du 26 août 1857.

Ils ont été accompagnés dans cette visite par :

MM. PERDONNET, administrateur de la Compagnie, délégué;

VUIGNER, ingénieur en chef de la Compagnie;

HALLOPEAU, chef de l'exploitation;

BOULANGÉ,
LAMÉ-FLEURY, } ingénieurs du contrôle de l'exploitation.

Leur attention s'est successivement portée sur les différentes parties qui constituent le chemin de fer.

*Tracé en plan et en profil.* — La longueur totale de l'embranchement du camp de Châlons, depuis la bifurcation sur le territoire de Fagnières (Marne) jusqu'à l'extrémité de la station de Mourmelon-le-Petit, est de. . . . . . . . . . . . 25,238ᵐ,80,

qui se répartissent comme il suit, savoir :

| | |
|---|---|
| Alignements droits. . . . . . . . . . . . . . . . | 15,264ᵐ,26 |
| —  courbes . . . . . . . . . . . . . . . | 9,974 ,54 |
| Total égal. . . . . . . . . . . . . . . | 25,238ᵐ,80 |
| Paliers. . . . . . . . . . . . . . . . . . . | 3,138ᵐ,15 |
| Pentes. . . . . . . . . . . . . . . . . . . . . | 11,282 ,36 |
| Rampes. . . . . . . . . . . . . . . . . . . . | 10,218 ,29 |
| Total égal. . . . . . . . . . . . . | 25,238ᵐ,80 |

Le rayon des courbes ne descend pas au-dessous de 600 mètres ; et encore n'y a-t-il, avec ce rayon minimum, que deux courbes pouvant être considérées comme une seule de 1,339ᵐ,80 de développement, toutes les autres courbes de raccordement des alignements droits ayant de 800 à 1,000 mètres de rayon.

Les pentes et rampes n'excèdent pas en général 0,006 par mètre ; la déclivité de ces pentes et rampes varie exceptionnellement de 0,008 à 0,012 par mètre pour gravir le faîte séparatif des vallées de la Marne et de la Vesle et pour rentrer dans cette dernière vallée.

Le développement des parties de la ligne où la déclivité des pentes et rampes s'élève de 0,008 à 0,012 est de 6,733ᵐ,35.

Les limites de 350 mètres et de 0,015, fixées par l'article 8 du cahier des charges annexé au décret de concession de la ligne de Mulhouse, et qui doit être appliqué à l'embranchement du camp de Châlons, ne sont donc pas dépassées.

*Profil transversal.* — Conformément aux stipulations du décret de concession, les terrains ont été acquis pour deux voies, mais les terrassements n'ont été exécutés que pour une simple voie, qui est placée à droite de l'axe pour permettre, au besoin, l'établissement d'une seconde voie.

Le profil transversal n'est donc disposé que pour une seule voie, et son exécution est complète, sauf quelques lacunes pour lesquelles la largeur est suffisante, d'ailleurs, à l'établissement de la voie et à la sécurité de l'exploitation.

Dans les parties en remblais, la plate-forme est établie à 0ᵐ,50 en contre-bas du niveau des rails ; elle a généralement 6ᵐ,23 de largeur en couronne, et les talus sont inclinés à un et demi de base pour un de hauteur ; cette inclinaison s'élève quelquefois à 45 degrés pour les talus gazonnés ou perreyés aux abords des ouvrages d'art.

Dans les parties en déblais, la plate-forme doit avoir 5$^m$,50 de largeur au couronnement, non compris deux fossés dont la largeur au minimum sera de 0$^m$,75.

Les talus des parties en déblais seront inclinés à 45 degrés, sauf dans les tranchées ci-dessous indiquées ouvertes dans la craie, où l'inclinaison sera réduite à un demi de base pour un de hauteur.

La rapidité avec laquelle on a dû exécuter ces travaux n'a pas permis de donner immédiatement ces dimensions dans les parties en déblais, et notamment dans la tranchée de Juvigny, de la Veuve et de Mourmelon; mais les terrassements y seront terminés successivement, soit pendant le cours de l'exploitation, soit pendant la suspension du mouvement des trains qui aura lieu momentanément dans la mauvaise saison. La largeur minimum est de 4 mètres dans l'une de ces tranchées, celle de Mourmelon.

La banquette de 0$^m$,50 qui doit régner au pied du ballast, est réglée sur presque toute l'étendue de la ligne dans les parties en remblais; elle sera réglée dans les parties en déblais au fur et à mesure de l'achèvement des terrassements.

*Ouvrages d'art.* — Les estacades en charpente établies dans la vallée de la Marne, de la Vesle et du ruisseau du Cheneux à Mourmelon, ainsi que le pont en charpente sur la Marne et le canal latéral, sont, pour ainsi dire, les seuls ouvrages d'art de l'embranchement du camp de Châlons.

Ces ouvrages ont été établis en charpente, conformément aux stipulations du décret de concession; les projets définitifs ont été approuvés, du reste, par une décision ministérielle en date du 21 juillet dernier, après l'avis conforme du Conseil général des ponts et chaussées.

L'estacade de la vallée de la Marne est composée de 98 travées d'une longueur chacune de 6 mètres, de sorte que son développement total est de 588 mètres.

Le pont de la Marne est composé de 10 travées, d'une longueur chacune de 6$^m$,60 d'axe en axe, entre la poussée des pieux.

Le pont sur le canal latéral est formé de 3 travées, établies suivant un biais de 54 degrés, et, en section droite, la travée du milieu offrant une largeur de 11$^m$,38, et les deux travées latérales, une largeur de 10$^m$,113; des fermes américaines de 2$^m$,50 de hauteur supportent le tablier.

A chaque extrémité de ces ouvrages en charpenterie il a été établi des culées en maçonnerie pour former des ancrages d'une solidité suffisante.

Ces ouvrages sont placés à 6$^m$,50 à l'ouest de l'axe réel du chemin de fer, pour qu'on puisse, au besoin, les remplacer par d'autres ouvrages en maçonnerie ou en fer.

L'estacade de la vallée de la Vesle est composée de 16 travées de 6 mètres de longueur, et celle de la vallée du Cheneux de 17 travées de même largeur; ces estacades sont établies dans le même système que celles de la vallée de la Marne, avec cette différence, toutefois, que les fermes de la vallée de la Marne sont établies sur des massifs en maçonnerie, tandis que les fermes des estacades des deux vallées ci-dessus indiquées reposent sur des pieux de 8 mètres et 9 mètres de fiche.

On rencontre, en outre, sur la ligne un pont sur rails et cinq aqueducs.

Le pont sur rails dans la tranchée de Juvigny n'est pas commencé; il sera exécuté pendant l'exploitation, sans qu'il en résulte aucun inconvénient; il n'existe qu'un pont provisoire qui sera remplacé par un pont en charpente d'une solidité suffisante.

Les aqueducs sont formés avec des tuyaux Chameroy de $0^m,50$ de diamètre, aux extrémités desquels il sera établi des têtes en maçonnerie.

La Commission se plaît à reconnaître que la construction des ouvrages d'art est très-satisfaisante, malgré la rapidité extraordinaire de l'exécution.

*Passages à niveau. — Maisons de gardes et clôtures.* — Vingt et un passages à niveau sont établis pour assurer le maintien des communications.

Les rampes d'accès de quelques-uns de ces passages restent à terminer, ainsi que le pavage à la traversée du chemin de fer; ces passages sont munis de barrières.

Il n'a pas été construit de maisons de gardes; des guérites, placées à chaque passage, y suppléent.

Des clôtures définitives ou provisoires sont posées sur toute la ligne.

*Traversée et déviation des routes impériales et départementales.* — Il n'a été apporté aucune modification aux routes impériales et départementales à la traversée du chemin de fer; elles sont coupées à niveau à leur hauteur ancienne et sans déviation.

*Traversée des chemins vicinaux.* — Quelques parties de chemins latéraux restent à terminer.

*Stations.* — Il n'a été établi jusqu'ici qu'une seule station à l'extrémité de l'embranchement, à Mourmelon-le-Petit, sur la rive droite de la vallée du Cheneux, conformément aux indications de l'administration supérieure.

Cette station contient trois voies principales, une voie de garage, ainsi que les voies et plaques tournantes nécessaires pour le service des marchandises et le débarquement des chevaux et chaises de poste; les aiguilles définitives y sont posées.

Il a été construit dans la station de Mourmelon des bâtiments en charpenterie, savoir :

Un bâtiment pour le service des voyageurs;

Un bâtiment pour buffet;

Deux pavillons aux extrémités des cours;

Une halle de marchandises;

Et une remise pour machines et voitures.

Ces bâtiments sont très-avancés, et on peut même considérer comme terminé le bâtiment destiné au service des voyageurs; le mobilier qui lui est destiné est dans les magasins de la Compagnie, et l'on s'occupe de son transport.

Le service d'alimentation d'eau pour les machines y est convenablement assuré.

Indépendamment des voies de garage de la station de Mourmelon, la Compagnie fait établir des voies de garage ou d'évitement, savoir ·

Sur la rive gauche de la vallée du Cheneux;

Au sud de la route départementale, près Bouy ;

Au nord de la route impériale de Châlons à Reims;

Au nord du chemin de grande communication de Saint-Martin à Récy.

*Voie.* — La voie est composée, savoir :

Sur les estacades et pont en charpente, de bridge-rails posés sur longrines dans le même système et de mêmes dimensions que les rails employés sur une partie de la ligne de Saint-Dizier à Gray, et du poids de 35 kilogrammes par mètre courant.

Dans les parties en rampes et pentes, dont la déclivité varie de $0^m,008$ à $0^m,012$, de rails à double champignon, du modèle de ceux employés sur la ligne de Paris à Strasbourg, du poids de $37^k,50$ par mètre courant, posés avec coussinets en fonte sur supports en bois espacés de $1^m,125$ en moyenne, et, enfin, dans les autres parties de la ligne de rails à double champignon, du modèle de ceux employés sur la ligne de Strasbourg à Bâle, du poids de 30 kilogrammes par mètre courant, et posés comme dessus, mais les supports n'étant espacés que de $0^m,90$.

Le ballast est partie en gravier silicieux, provenant des alluvions anciennes de la Marne, partie en craie et partie en grouine, qu'on trouve dans la plaine de la Champagne.

*Poteaux kilométriques.* — Les poteaux kilométriques sont prêts à être mis en place.

*Télégraphie.* — La ligne télégraphique est établie, depuis quelques jours déjà, le long de l'embranchement pour la communication du quartier général du camp avec Paris et Châlons, et pour le service de la Compagnie.

*Signaux.* — Tous les signaux sont établis à la bifurcation, et l'on s'occupe de la pose du signal qui doit défendre la station de Mourmelon.

*Personnel de la surveillance.* — Le personnel définitif de la surveillance est organisé et fonctionne déjà.

*Matériel roulant.* — Le matériel roulant qui doit servir à l'exploitation de l'embranchement est le même que celui de la ligne principale.

*Conclusion.* — La Commission est d'avis que la Compagnie des chemins de fer de l'Est, suivant le désir qu'elle lui a exprimé, peut être autorisée à livrer au public, à dater du 16 septembre courant, l'embranchement du camp de Châlons, sous les réserves et conditions suivantes :

1° La tranchée de Mourmelon sera immédiatement portée à $4^m,50$ de largeur au niveau de la voie.

2° On mettra préalablement en place le signal de la station de Mourmelon.

3° Aucun service de nuit ne fonctionnera avant le 21 septembre.

13

La Compagnie est, d'ailleurs, invitée à fermer quelques lacunes qui existent encore dans la clôture et à parachever les passages à niveau.

4° Toutes réserves sont faites quant à la réception définitive ultérieure du chemin de fer et des ouvrages qui en dépendent.

Fait à Châlons-sur-Marne les jour, mois et an que dessus.

*Les membres de la Commission,*

*Signé :* BAILLOUD, *inspecteur général des ponts et chaussées ;*

LEFORT, *ingénieur en chef du contrôle des travaux ;*

COUCHE, *ingénieur en chef du contrôle de l'exploitation.*

---

## XV

*LETTRE du ministre autorisant la mise en exploitation de l'embranchement du camp de Châlons.*

*A messieurs les administrateurs de la Compagnie des chemins de fer de l'Est.*

MESSIEURS,

J'ai l'honneur de vous informer que, conformément aux conclusions du procès-verbal dressé par la Commission que j'avais chargée de procéder à la reconnaissance des travaux exécutés sur l'embranchement du camp de Châlons, j'ai autorisé l'ouverture de la circulation publique sur cet embranchement à partir du 16 septembre courant, sous la réserve de toutes les mesures prescrites et à prescrire pour assurer la sécurité de l'exploitation et, en outre, sous les conditions suivantes :

1° La tranchée de Mourmelon sera immédiatement portée à 4$^m$,50 de largeur au niveau de la voie ;

2° On mettra préalablement en place le signal de Mourmelon ;

3° Aucun service de nuit ne fonctionnera avant le 21 septembre courant.

La Compagnie est, d'ailleurs, invitée à fermer quelques lacunes qui existent encore dans les clôtures, et à achever les passages à niveau.

Il est bien entendu, en outre, que la présente autorisation ne préjuge en rien la réception définitive de l'embranchement dont il s'agit, laquelle réception ne sera prononcée ultérieurement, s'il y a lieu, qu'après l'entier achèvement des ouvrages à la charge de la Compagnie.

J'ajouterai, en terminant, que la Commission a constaté que, malgré la rapidité d'exécution, la construction des ouvrages d'art est très-satisfaisante.

Recevez, messieurs, l'assurance de ma considération très-distinguée.

*Le ministre de l'agriculture, du commerce et des travaux publics,*

*Signé :* ROUHER.

Paris, le 14 septembre 1857.

---

## XVI

*EXTRAIT de la délibération de l'assemblée générale des actionnaires approuvant la convention passée avec l'Etat pour la concession de l'embranchement du camp de Châlons.*

Aujourd'hui 27 mai 1858, à trois heures de relevée, les actionnaires des chemins de fer de l'Est, convoqués dans la forme prescrite par l'article 36 des Statuts, se sont réunis en assemblée générale extraordinaire, rue de la Victoire, 38, salle Herz.

La séance est ouverte à trois heures et demie.

M. le comte de Ségur, président du Conseil d'administration, occupe le fauteuil de la présidence.

M. Mussard-Audeoud et M. Rhoné remplissent les fonctions de scrutateurs comme étant les deux plus forts actionnaires présents.

Le bureau, ainsi composé, désigne, pour remplir les fonctions de secrétaire, M. Glandaz, et l'invite à prendre place en cette qualité.

M. le président rappelle que, conformément à l'article 34 des Statuts, cette assemblée extraordinaire ne peut délibérer que sur les objets à l'ordre du jour de la première convocation, et que ces délibérations seront valables, quel que soit le nombre des actionnaires présents et des actionnaires représentés.

Le secrétaire général donne lecture du rapport du Conseil d'administration.

Lecture est donnée de la convention passée entre l'Etat et la Compagnie de l'Est pour la concession d'un embranchement de Châlons au camp.

L'assemblée, votant à l'unanimité, ratifie la convention.

*Le président du Conseil d'administration,*

*Signé :* SÉGUR.

Pour extrait conforme du procès-verbal de l'assemblée générale extraordinaire des actionnaires du vingt-sept mai mil huit cent cinquante-huit.

*Le secrétaire général,*

*Signé :* BOSSANGE.

FIN DES ANNEXES.

# TABLE DES CHAPITRES

FIN DE LA TABLE DES CHAPITRES.

# TABLE DES ANNEXES

FIN DE LA TABLE DES ANNEXES.

Paris. — Typographie HENNUYER ET FILS, rue du Boulevard, 7.

## TRACÉ DE LA VOIE

Tables trigonométriques pour le tracé des chemins de fer, exprimant les longueurs naturelles des sinus, sinus verse, cosinus, cosinus verse, tangentes, cotangentes, sécantes et cosécantes ; des arcs et de leurs compléments ; des demi-cordes et des flèches ; des abscisses et des ordonnées du cercle en fonction des tangentes. Toutes ces valeurs sont données par six décimales, pour tous les angles de trente en trente secondes ou bien par rapport aux angles des tangentes exprimés de minute en minute, par Jules Gaunin, conducteur des ponts et chaussées, chef de section au service des études de la Compagnie d'Orléans ; un bel in-8° relié à l'anglaise. Prix :     7 fr. 50

## APPAREIL FUMIVORE FRIEDMANN

Note par M. Couche, professeur de chemins de fer à l'Ecole des mines, ingénieur en chef du contrôle du chemin de fer de l'Est ; in-8° et planche. Prix :     1 fr 25

## CHAUDIÈRES EN TOLE D'ACIER FONDU

Rapport au ministre des travaux publics sur les conditions spéciales de leur construction et nouvelle note, par le même ; 2 brochures in-8°. Prix : 2 fr.

### CHEMINS DE FER D'ALLEMAGNE
#### Troisième section.

Etablissement de la voie à supports continus. — Réception des rails, par le même ; in-8° et 2 planches. Prix :     3 fr.

### EMPLOI DE LA HOUILLE
#### DANS LES LOCOMOTIVES

Rapport au ministre des travaux publics sur l'emploi de la houille dans les locomotives et sur les machines à foyer fumivore du système Tenbrinck, par le même ; in-8° et 2 planches. Prix :     5 fr.

## EXPLOSION DE LA LOCOMOTIVE N° 242
### DES CHEMINS DE FER DE L'EST

Par le même ; in-8° et planche. Prix :     1 fr. 25

## LOCOMOTIVES ENGERTH

Première note : Observation sur les machines Engerth modifiées ; in-8° et planche. Deuxième note : Addition à la note sur les machines locomotives à huit roues couplées ; in-8° et planche, 2 brochures, par le même. Prix :     4 fr.

## AMÉLIORATION DES VOIES

Rapport sur les expériences faites par la Compagnie concessionnaire du chemin de fer du Nord pour l'amélioration des voies, par M. Brame, ingénieur des ponts et chaussées ; in-8° et 4 planches. Prix :     5 fr.

## AMÉLIORATION DES VOIES

Note sur les traverses Pouillet et les voies avec rails dits de Vignole, par M. Maniel, ingénieur en chef des chemins de fer autrichiens ; in-8° et planche. Prix :     1 fr. 75

## AMÉLIORATION DES VOIES

Note sur les voies du chemin de fer du Nord, par M. Couche, ingénieur en chef du chemin de fer du Nord ; in-8°. Prix :     50 cent.

## COMMUNICATIONS DANS LES TRAINS
### EN MARCHE

Rapport au ministre des travaux publics, par M. E. de Fourcy, ingénieur en chef des ponts et chaussées, sur un système d'appareils électriques servant à mettre en communication les voitures d'un train de M. Prudhomme ; in-8° et planche. Prix : 1 fr. 50

## COMPRESSEUR SOMMEILLER
### EMPLOYÉ AU MONT CENIS

Théorie du compresseur à colonne d'eau de MM. Sommeiller, Grattori et Grandis, et applications au compresseur qui fonctionne au percement des Alpes Cottiennes, par M. de Saint-Robert ; in-8° et planche. Prix :     2 fr. 50

## DÉDOUBLEMENT D'UN CHEMIN
### A UNE VOIE

Mémoire sur les conditions de la transformation des chemins de fer à une voie en chemins à deux voies, par M. Nordling, ingénieur en chef du réseau central de la Compagnie d'Orléans ; in-8° et planche. Prix :     2 fr.

## ÉCHANGE DES DÉPÊCHES
### SANS ARRÊT DES TRAINS

Note sur l'appareil employé en Angleterre, par le Post-Office, pour l'échange des dépêches sans arrêt des trains, par M. J. Morandière, inspecteur du matériel au chemin de fer du Nord ; in-8° et planche. Prix :     1 fr.

## LIGNES ANGLAISES

Mémoire sur l'exposition de Londres et le matériel d'exploitation des rail-ways anglais en 1862, par M. Gaudry, ingénieur aux chemins de fer de l'Est ; in-8° et 4 planches. Prix :     5 fr.

## LIGNE DU BOURBONNAIS

Mémoire sur les travaux et les dépenses de la partie du chemin de fer du Bourbonnais comprise entre Saint-Germain-des-Fossés et Roanne, sur une longueur de 66 kilomètres, par M. Croizette-Desnoyers, ingénieur des ponts et chaussées ; in-8° et 6 planches. Prix :     5 fr.

## LIGNES ESPAGNOLES

Notice sur les chemins de fer espagnols, par M. Pirel, ingénieur des ponts et chaussées ; in-8° et planche. Prix :     2 fr. 50

## LIGNE D'ORLÉANS

Rapport sur la construction des chemins de Poitiers à la Rochelle, de Tours au Mans et de Nantes à Saint-Nazaire, par M. Morandière, ingénieur en chef du chemin de fer d'Orléans ; in-8° et planche. Prix :     3 fr.

## REVÊTEMENTS DES TALUS

Notice sur les conditions d'équilibre des massifs de terre et sur les revêtements des talus, par M. de Sazilly, ingénieur des ponts et chaussées ; in-8° et 4 planches. Prix :     5 fr.

## STATISTIQUE DES CHEMINS DE FER
### FRANÇAIS

In-8° avec tableaux. Prix :     1 fr.

## TERRASSEMENTS

Mémoire sur l'exécution des terrassements de la ligne de Busigny à Somain, par M. Bernard, chef de la section belge du chemin de fer du Nord ; in-8° et 6 planches Prix :     3 fr.

## TRANSPORTS MILITAIRES

Mémoire sur les chemins de fer considérés au point de vue militaire, par M. G. Desaines, inspecteur général des ponts et chaussées ; in-8° et planche. Prix :     1 fr. 75

## TUNNEL DES ALPES

Rapport au ministre des travaux publics sur le percement du grand tunnel des Alpes, par M. Conti, ingénieur en chef des ponts et chaussées ; in-8° et 4 belles planches. Prix :

www.ingramcontent.com/pod-product-compliance
Lightning Source LLC
Chambersburg PA
CBHW071511200326
41519CB00019B/5898